Jack Black

Das MindStore-Buch

W0072336

*Für Norma, meine wunderbare Lebensgefährtin,
und unsere beiden Söhne Anthony und Christopher.
Wie hätte ich ohne Euch irgend etwas erreichen
können?*

Jack Black

Das MindStore-Buch

Das ultimative
Fitness-Programm
für Ihren Kopf

mvg

Die Deutsche Bibliothek – CIP-Einheitsaufnahme

Black, Jack :
Das MindStore-Buch : das ultimative Fitness-Programm für Ihren Kopf /
Jack Black. Aus dem Engl. übers. von Thomas Gotterbarm. - Landsberg am
Lech : mvg, 2000
  (mvg-Paperbacks ; 08652)
  Einheitssacht.: MindStore <dt.>
  ISBN 3-478-08652-3

© Jack Black 1994
Titel der englischen Originalausgabe: „MindStore – The Ultimate Mental
Fitness Programme"
Aus dem Englischen übersetzt von Thomas Gotterbarm.

© der deutschsprachigen Ausgabe 1999 bei mvg-verlag im verlag moderne
industrie AG, 86895 Landsberg am Lech

Umschlaggestaltung: Felix Weinold, Schwabmünchen
Satz: Fotosatz H. Buck, Kumhausen
Druck- und Bindearbeiten: Ebner Ulm
Printed in Germany 080 652/999502
ISBN 3-478-08652-3

Inhalt

Vorwort für die deutsche Ausgabe

Seit der ersten Publikation dieses Buches haben wir hier bei MindStore in Großbritannien, sehr zu meiner Freude, ein unglaubliches Wachstum miterlebt Mir macht es natürlich unglaublichen Spaß, die MindStore-Techniken mit Hunderttausenden von Menschen zu teilen. Ich bin sehr dankbar dafür, daß mir das große Glück zuteil wurde, das MindStore-System einer stetig wachsenden Zahl sehr erfolgreicher Menschen, aus allen nur erdenklichen Lebensbereichen, zu unterrichten. Aber die größte Freude bereitet mir die Weitsicht vieler großer Visionäre und Unternehmensvorstände, die es mir immer wieder ermöglichen, daß ich Menschen wie Ihnen und mir diese Techniken näherbringen kann.

Aufgrund der permanent zunehmenden Nachfrage nach den MindStore-Techniken in Großbritannien war es vermutlich nur eine Frage der Zeit, bis erste Anfragen an MindStore auch aus anderen Ländern eintrafen. Mit Hilfe der wirkungsvollen MindStore-Techniken gelang es mir in den vergangenen Jahren, Klaus Pertl für den internationalen Ausbau des MindStore-Systems zu gewinnen. Er ist ganz eindeutig zu einem unserer wichtigsten Teammitglieder geworden. Mit fast schon missionarischem Eifer hat er sich seit Oktober 1998 daran gemacht, das MindStore-System auf dem europäischen Kontinent einzuführen – vor allem natürlich in seinem Heimatland Deutschland. Er wurde von mir persönlich trainiert und ausgebildet und ist der erste autorisierte Trainer für Original-MindStore-Seminare in deutscher Sprache. Ich bin sehr stolz darauf, mit Klaus Pertl zusammenzuarbeiten, und ich bin sicher, daß auch Sie ihm recht schnell für sein Engagement zur Veröffentlichung dieses Buches danken werden.

Genießen Sie dieses Buch und lassen Sie uns irgendwann einmal in der Zukunft treffen.

Glasgow, 17.06.99

Jack Black

Vorwort: MindStore System Deutschland

MindStore und Jack Black lernte ich das erste Mal 1994 kennen, während meiner Forschungsarbeiten zu meinem Buch „Die 10 größten Lügen", das ich gemeinsam mit meinem guten Freund Lothar Hirneise herausbrachte.

Ich kann heute mit gutem Gewissen behaupten, daß das MindStore-System ganz ohne Zweifel das beste System zur Förderung der Potentiale von Menschen in Europa ist. Es ist sehr logisch aufgebaut, hat eine klare Struktur und ist sehr leicht im täglichen Leben umsetzbar. Jack Black hat das Mind-Store-System vorgelebt, das System, das er vor etwa zwölf Jahren entwickelte. Zu seinen Kunden gehören Weltmeister, erfolgreiche Unternehmer, Hausfrauen und auch Arbeitslose – also Menschen aus allen Lebensbereichen. Sie alle sind in der Lage, die MindStore-Techniken im privaten wie im beruflichen Bereich anzuwenden.

MindStore ist für mich zu einer Lebensart geworden. Mein Tag fängt jetzt mit einer positiven Erwartungshaltung an. Ich bin in der Lage, den ganzen Tag über voller Energie und voller Enthusiasmus zu sein, und habe in der Zeit, seit ich die Mind-Store-Techniken anwende, enorme Erfolge erzielt. Jack Black hat mir beigebracht, daß unser Leben zu wertvoll ist, als daß wir es uns erlauben können, auch nur eine Sekunde negativ zu sein.

Jack Black ist für mich mehr als nur ein Lehrer und Berater, er ist auch ein toller Freund, ein außergewöhnlicher Visionär mit unglaublicher Integrität, Liebe und Leidenschaft für Mind-Store und die Menschheit. Er ist ein liebevoller Vater und Ehemann und ein phantastischer Mensch.

Genießen Sie dieses außergewöhnliche Buch. Aber am allerwichtigsten, **praktizieren** Sie diese tollen MindStore-Techniken.

Ich wünsche Ihnen einen phantastischen Tag.

Klaus Pertl

Für Informationen über das MindStore-System und MindStore-Seminare in Deutschland kontaktieren Sie bitte:

MindStore System Deutschland
Klaus Pertl
Barystr. 3
81245 München
Tel.: 089/83964652, Fax: 089/89623626
E-Mail: 100551.1701@compuserve.com
www.Mindstore.de

Danksagung

Es gibt viele, viele Menschen, denen ich dafür danken möchte, daß sie mir direkt oder indirekt bei der Entwicklung des Mind-Store-Systems und beim Verfassen dieses Buches geholfen haben. Zuallererst danke ich den Teilnehmern der zahlreichen Kurse, die ich in den letzten Jahren veranstaltet habe: Durch die Anwendung der MindStore-Methoden haben sie unzählige andere Menschen inspiriert. Mein ganz besonderer Dank gilt meinem Freund und Mentor Jim Bell, ohne den es das MindStore-System nie gegeben hätte. Das gleiche gilt für das MindStore-Team, vor allem Cecelia, Carole, Janet und Rena. Auch bei Shian möchte ich mich für ihren Beitrag herzlich bedanken. Wenn ich Ermutigung von zu Hause brauchte, waren mein Vater Jack Black Senior und Theresa immer für mich da, ebenso wie Janette und Isobel, die mir aus dem Hintergrund stets geholfen haben.

Einleitung

Es gab eine Zeit in meinem Leben, da war ich als Sozialarbeiter im Glasgower East End tätig. Ich arbeitete mit großem Engagement – zumindest mit soviel Engagement, wie ein Mensch meiner Meinung nach aufzubringen vermochte.

Es dauerte jedoch nicht lange, bis mich eine Reihe bedeutsamer Ereignisse dazu veranlaßte, Bilanz zu ziehen und ein ganz neues Leben zu beginnen. Meine Schwiegermutter war plötzlich einem Schlaganfall erlegen (meine eigene Mutter war einige Jahre davor unter ähnlichen Umständen verschieden), und zwei Männer, die in meiner Sozialarbeit in der Gemeinde eine entscheidende Rolle gespielt hatten, starben ebenfalls – der eine an Krebs, der andere an einem Herzleiden. Bei meiner Tätigkeit mit sozialen Randgruppen verlor ich nun nach und nach alle Hoffnungen und Illusionen. Mir wurde bewußt, daß wir gar keine Möglichkeiten besaßen, irgend etwas wirklich zu verändern; im Grunde hatte ich das Gefühl, bei meiner Arbeit nichts anderes zu tun, als Risse und Brüche notdürftig zu kitten.

Meine Karriere war festgefahren – ich hatte mich um eine Beförderung bemüht und wußte zugleich, daß ich dafür gar nicht geeignet war. Mein Gehalt war gerade so hoch, daß meine Haushaltskasse die meiste Zeit leer war. Ich buchte billige Reisen, da sie das einzige waren, worauf ich mich wirklich freuen konnte. Ich war unglücklich; ich wußte, es gab noch viel mehr, was ich mit meinem Leben hätte tun können – doch was?

Die Zeit war gekommen, mich zu verändern. Ich las, was Autoren wie Norman Vincent Peale und Napoleon Hill über die Entfaltung der Persönlichkeit geschrieben hatten, und begann zu verstehen, wie negativ ich und alle Menschen in meiner Umgebung offenbar eingestellt waren. Schon seit langem besaß ich kein Quentchen Ehrgeiz mehr.

Als ich über den plötzlichen Tod jener Menschen, die mir so wichtig gewesen waren, nachdachte, begann ich, mich mit den

Folgen und Auswirkungen von Streß zu beschäftigen. Ich selbst litt ständig darunter. Ich war der perfekte Hypochonder und lag meinem Arzt regelmäßig mit albernen kleinen Beschwerden in den Ohren, die in meinem Geist besorgniserregende Ausmaße angenommen hatten. Wann immer ich ein leichtes Stechen in der Brust verspürte, hielt ich es für den Beginn eines Herzinfarkts oder für ein sicheres Anzeichen dafür, daß ich an Krebs litt.

Auch wenn mir dies zu jener Zeit noch nicht klar war, so begann mein Leben sich zu verändern, als ich Skiausflüge organisierte, um Gelder für ein örtliches Jugendprojekt aufzutreiben. Zusammen mit einem Kollegen setzte ich diese Ausflüge auch dann fort, als wir längst genügend Geld für das Projekt gesammelt hatten. So entstand meine erste eigene Firma. Noch immer war ich als Sozialarbeiter tätig, und die Zeiten waren nicht einfach; es gab eine Menge Unsicherheit. Bald hatte ich für nichts mehr Zeit und vernachlässigte schließlich auch meinen Freundeskreis, denn ich verbrachte jede freie Stunde mit meiner Arbeit. Aus den Büchern, die ich gelesen hatte, wußte ich, daß man diesen Preis zu zahlen hatte, doch irgendwie spürte ich, daß meine Beharrlichkeit sich auszahlen und die harte Arbeit sich eines Tages lohnen würde.

Der schwierigste Teil der Arbeit an meinem neuen Unternehmen war die allmähliche Distanzierung von meinen Freunden. Ich erinnere mich noch gut daran, wie verärgert ich selbst war, als ein Freund einige Zeit zuvor eine Firma gegründet hatte und dann aus Zeitmangel seinen Freundeskreis vernachlässigte. Ich glaube, meine engen Freunde reagierten genauso, als ich nun ebenfalls ein neues Unternehmen in Angriff nahm. Ich bin sogar überzeugt davon, daß solche Entwicklungen unvermeidlich sind, wenn man sein Leben ändern will.

Bald schon organisierte ich Gruppenreisen und war nun in jeder freien Stunde nur damit beschäftigt, während ich gleichzeitig noch immer in den ärmsten Vierteln von Glasgow tätig war. Die chronische Arbeitsüberlastung forderte eines Tages schließlich ihren Tribut: *Ich brach im Glasgower Stadtzentrum zusammen.*

Dies war der Wendepunkt. Ich wußte nun, daß ich dem Streß, unter dem ich litt, irgendwie begegnen mußte. Kurz gesagt, begab ich mich auf eine Reise, um so viel wie möglich über Streß zu erfahren und zu lernen, wie ich in meinem Leben damit umgehen konnte. Auf diesem Weg entdeckte ich ebenso wunderbare wie einfache Vorgänge, die nicht nur bei der Aufrechterhaltung von Gesundheit und Energie hilfreich sind, sondern die sich auch zur völligen Umgestaltung des Lebens verwenden lassen.

Meine Entdeckung begeisterte mich und mir wurde klar, daß ich diese neuen Erkenntnisse mit allen anderen Menschen teilen wollte. Alle in meiner Umgebung hätten davon profitiert, besonders meine engen Freunde und Kollegen. Merkwürdigerweise muß ich meine Bekannten jedoch auch heute noch von meinen Seminaren überzeugen, obwohl ich meine Gedanken nunmehr seit vielen Jahren den größten Firmen unseres Landes (Managern wie einfachen Angestellten und Arbeitern) ebenso vermittle wie unseren führenden Sportlern und Tausenden anderer Männer, Frauen und Kinder. Vielleicht glauben meine Freunde einfach nicht daran, daß sich so vieles wirklich verändern läßt.

In relativ kurzer Zeit hat sich mein Leben nun geändert, und das von Grund auf. Ich genieße es, Erfahrungen zu machen und Möglichkeiten wahrzunehmen, von denen die meisten Menschen nur träumen. Ich bin mit einer wunderbaren Familie gesegnet, lebe in einer herrlichen ländlichen Umgebung und erfreue mich eines Lebensstils, von dem ich früher nie geglaubt hätte, daß er mir einmal vergönnt sein würde. Dies ist natürlich nicht einfach – das Leben ist nun mal nicht so –, doch habe ich in mir soviel Stärke und Selbstvertrauen entdeckt, daß ich mein neues Leben darauf gründen konnte. Bei einem Treffen mit Margaret Thatcher hörte ich die Politikerin kürzlich sagen, sie habe die Führung der Konservativen Partei damals mit einer Vision für die Zukunft übernommen. Es sei ihr von vornherein klar gewesen, daß sie erst viele Probleme zu bewältigen habe und sehr hart kämpfen müsse, bis sie für ihr Engagement schließlich belohnt würde.

Mit diesem Buch möchte ich Ihnen das Handwerkszeug zur Verbesserung Ihrer Lebensqualität in die Hand geben. Ich möchte Ihnen zeigen, wie Sie Ihr Familienleben, Ihre Freundschaften und Ihren Arbeitsplatz positiv beeinflussen und wie Sie wachsen, Ihre Möglichkeiten ausschöpfen und – wenn nötig – Glück, Liebe und Erfolg finden können. Was ich Ihnen hier zu sagen habe, teile ich in meinen MindStore-Kursen jedes Jahr Tausenden von Menschen mit, und ich kann Ihnen versprechen, daß auch Sie davon profitieren werden. Mein Leitspruch ist: *„Es funktioniert einfach."* Wenn Sie jetzt noch skeptisch sind, dann ist dies ganz normal. Haben Sie einfach ein bißchen Geduld mit mir und lesen Sie weiter.

Meine Methoden sind keineswegs neu. Es gibt sie, so weit ich zurückdenken kann – seit dem Anbeginn der Zeit. Vielleicht habe ich sie neu zusammengestellt, doch das ist schon alles, was ich getan habe. Ich habe mich dabei bemüht, diese Techniken so leichtverständlich wie möglich zu erläutern. Ich möchte Ihnen zeigen, wie Sie Ihr Leben so bewältigen können, daß sich die gewünschten Verbesserungen einstellen. Warum dies funktioniert, interessiert mich weniger; die wissenschaftliche Überprüfung meiner Methoden überlasse ich denen, die sich beruflich mit so etwas befassen. Ich ziehe es vor, Werkzeuge zu verwenden, die jedem, der sie kennenlernen und einsetzen möchte, zum Erfolg verhelfen werden. Mein Ansatz ist in keiner Weise außergewöhnlich; außergewöhnlich ist nur der Augenblick, in dem wir uns entscheiden, zu wachsen und uns zu verändern.

Glauben Sie mir: *„Es funktioniert einfach."*

Worum geht es bei MindStore?

Ein einfaches Modell kann meiner Meinung nach die Erläuterung eines komplizierten Gedankens so vereinfachen, daß wir ihn begreifen und in unserem Leben umsetzen können.

Stellt man sich zum Beispiel den bewußten und unbewußten Teil des menschlichen Geistes als Eisberg vor, dann entspricht das Bewußtsein dem aus dem Wasser ragenden Teil, während das Unterbewußtsein unter der Wasseroberfläche wesentlich größer ist und etwa sieben Achtel des Eisbergs umfaßt.

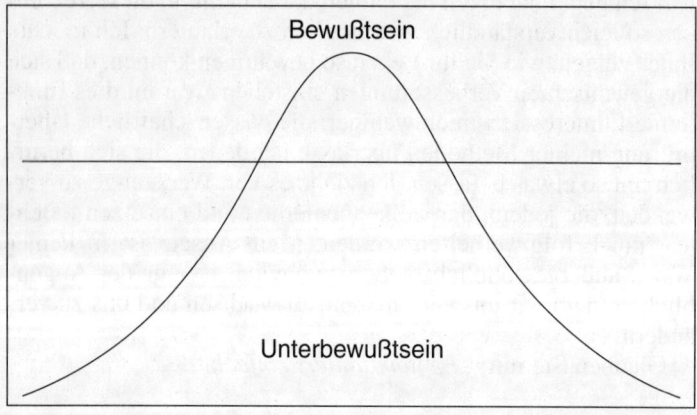

Zum Zeitpunkt der Geburt verfügt das menschliche Gehirn über 20.000 angeborene Programme. Schon bei unserer Geburt können wir atmen und verdauen – wir kommen mit einem nie endenden Verlangen nach Sauerstoff, Nahrung und vielleicht auch Liebe auf die Welt. Nur wenige würden wohl bestreiten, daß ein Baby auch Sicherheit, Geborgenheit und Liebe braucht. Diesen Wunsch nach Liebe und Anerkennung verlieren wir nie.

Ich weiß, daß ich selbst den Wunsch verspüre, anerkannt zu werden, wenn ich einem Publikum das MindStore-System vorstelle. Ob es Tausende sind, die mir zuhören, oder nur einige wenige, ich fühle mich erst dann wohl, wenn ich unter meinen Zuhörern ein erstes Lächeln sehe.

Wenn ein Kind zum ersten Mal in die Schule geht, wird es meiner Meinung nach vor allem danach streben, geliebt und anerkannt zu werden. Als mein Sohn kürzlich eingeschult wurde, berichtete er uns in den ersten Tagen und Wochen voller Stolz von seinen neuen Freunden und Erfahrungen, wann immer er nach Hause kam. Dann finden die ersten Prüfungen statt – erinnern Sie sich noch an jene Tests in Rechtschreibung und Mathematik? Früher oder später wird jedes Kind in irgendeinem Fach gute Noten erhalten. Wenn der Lehrer dann die korrigierten Arbeiten ausgeteilt hat, steigt das Selbstbewußtsein des Kindes einen Moment lang steil an, wenn es sich vorstellt, wie sehr sich die Eltern darüber freuen werden und wie glücklich es selbst über seine Leistungen sein wird. Dann sieht sich das Kind vielleicht im Klassenzimmer um und entdeckt, daß einige seiner Freunde keine guten Noten erhalten haben, da sie offenbar zu viele Fehler gemacht haben. Ich glaube, daß dies der Moment ist, in dem das Kind erstmals lernt, sich zu „sabotieren" – indem es seine Erfolge verschweigt, um sowohl von seinen Freunden als auch von Eltern und Lehrern weiterhin geliebt und akzeptiert zu werden.

Damit will ich sagen, daß die Sozialisation in unserer Kultur bei den meisten Menschen schon in einem sehr frühen Alter den starken Drang hervorruft, sich an die Mehrheit anzupassen, um nicht aufzufallen. Anders gesagt, fürchten wir den Erfolg, da er uns von denen entfernt, deren Liebe und Anerkennung wir brauchen.

Das Wort „Erfolg" hat für viele Menschen eine ganz unterschiedliche Bedeutung. Ich verstehe darunter die Fähigkeit, bei allen Dingen, nach denen man strebt, zu versuchen, so gut wie möglich zu sein: Glücklich, froh, zufrieden und gesund zu sein, zu lieben, zu geben, seine Ziele zu verwirklichen und alles zu geben, was man in Beruf, Sport und Beziehungsleben bekommen hat – anders gesagt, aufzustehen und der Mensch zu sein, der man sein kann, den Tag zu nutzen und in jeder Minute 100 Prozent zu geben.

Ich glaube, daß die meisten Menschen es unbewußt lernen, sich selbst zu sabotieren, um ihr soziales Umfeld nicht zu verlieren. Wenn wir nämlich erfolgreicher, glücklicher und zufriedener sind, überwältigt uns die Angst, nicht geliebt zu werden, so daß wir lieber im Mittelmaß bleiben, als nach Höherem zu streben.

Meiner Meinung nach kämpfen wir in unserem Leben alle mit dieser kulturellen Herausforderung. Wir alle wissen, daß wir viel, viel mehr erreichen und auf viel mehr Gebieten erfolgreich sein könnten, doch sind wir aus irgendeinem Grund offenbar nicht in der Lage, die notwendigen Schritte zu unternehmen.

Ich weiß, daß der Begriff „Erfolg" viele Bedeutungen haben kann. Wenn ich das Wort höre, sehe ich jemanden vor mir, der sich bemüht, besser zu sein, ohne dabei die Ausgeglichenheit seines Lebens zu gefährden. In meinen Seminaren führen die Teilnehmer oft Anita Roddick, Richard Branson, Mutter Teresa, Margaret Thatcher, Linford Christie und Evelyn Glennie an als Beispiele für einen Erfolg, der sich durch Engagement, Motivation, Entschlußkraft, Selbstvertrauen und ein Gefühl für Zukunftsvisionen auszeichnet.

Umgekehrt zeigen diejenigen, die die Kursteilnehmer als Versager bezeichnen würden, Eigenschaften wie ein geringes Selbstbewußtsein, mangelnde Energie, Einsamkeit, Depressionen, Hilflosigkeit und Gleichgültigkeit.

Kürzlich sprach ich mit einigen Freunden über Erfolg. Ich hörte aufmerksam zu, denn jene Freunde zählten nicht zu den Teilnehmern von MindStore. Es fielen die Namen von großen Sportlern, führenden Geschäftsleuten und Persönlichkeiten aus der Geschichte. Bei der Betrachtung ihrer hervorstechenden Eigenschaften waren sich meine Freunde darin einig, der grundlegende Unterschied sei der, daß jeder der genannten erfolgreichen Menschen zu Beginn beschlossen habe, das zu verwirklichen, was er erreichen wollte und was ihn dann später so berühmt machte.

Dies ist meiner Meinung nach das Geheimnis des Erfolgs, des Glücks, der Freude, der Liebe und all der anderen Dinge, nach denen wir streben. Für mich ist dies weder schwierig noch kompliziert, es ist im Grunde ganz einfach. *Es sind die eigenen Gedanken, die alles bestimmen.* Anders gesagt, wenn man negativ denkt, zieht man negative Dinge an. Denken Sie also positiv, und die ersehnten Veränderungen in Ihrem Leben werden sich einstellen. So einfach ist es.

Wenn wir uns entscheiden, über etwas Bestimmtes nachzudenken, dann entscheiden wir uns dafür, dies in unserem Leben zu haben.

Dies ist schon die ganze Wahrheit. Das Buch ist zu Ende, Sie brauchen eigentlich nichts anderes mehr!

Wenn es nur so leicht wäre, diese Erkenntnis auch wirklich umzusetzen! Dies mit dem Verstand zu begreifen ist nicht schwer – die wahre Herausforderung ist die Verwirklichung des Gedankens. Würde es uns leichtfallen anzuerkennen, daß das Denken alles bestimmt, dann würde dies schon ausreichen. Wir alle brauchen jedoch Richtlinien und Anleitungen dafür, wie sich mit diesem Gedanken ein neuer Lebensstil herstellen läßt. Ich vertraue darauf, daß Sie herausfinden werden, wie Sie die in diesem Buch genannten einfachen Methoden anwenden können, um sofort Ergebnisse zu erzielen und die Qualität Ihres Lebens zu verbessern – etwas, das Sie hoffentlich dazu ermuntern wird, die wirklich großen und wichtigen Dinge des Lebens anzugehen, statt sich mit Kleinigkeiten abzugeben. Fangen wir also an!

Der erste Schritt:
Betrachten Sie Ihr Leben

Eine tausend Meilen weite Reise beginnt mit dem ersten Schritt.
Lao-Tse

Beginnen Sie damit, daß Sie darüber nachdenken, wo Sie sich in diesem Lebensabschnitt befinden. Ich habe entdeckt, daß die folgende kleine Übung dabei hilft herauszufinden, wie es zu einem bestimmten Zeitpunkt um mein Leben bestellt ist und welche Dinge sich verbessern lassen. Ich empfehle Ihnen, sich jetzt sofort die Zeit zu nehmen, um dies selbst zu tun. Es ist eine gute Idee, das Folgende auf einem eigenen Blatt Papier zu kopieren, da die Wiederholung der Übung nach einiger Zeit dabei hilft, die erzielten Verbesserungen zu erkennen.

Das Lebensrad

Dieses einfache Werkzeug hilft Ihnen dabei, die Schlüsselbereiche Ihres Lebens zu analysieren, und weckt in Ihnen das Bedürfnis, etwas zu tun, um Ihr Leben zu ändern. Die Methode besteht darin, das eigene Leben als Rad darzustellen. Das Leben ist eine Reise durch Raum und Zeit. Der Zustand Ihres Rads wird Ihnen zeigen, wie reibungslos oder schwierig Ihre Reise in diesem Augenblick gerade verläuft.

Zeichnen Sie auf ein Blatt Papier einen großen Kreis und teilen Sie ihn in acht Abschnitte oder Schlüsselbereiche ein. Ich schlage hier acht Lebensbereiche vor, doch können Sie die Zahl auch erhöhen. Unterteilen Sie dann jeden Abschnitt in zwei gleiche Teile mit einer weiteren Linie, aus der Sie dann (wie in der Abbildung hier) mit Querstrichen einen Maßstab mit zehn Abstufungen machen. Der Gedanke dahinter ist der, daß Sie jedem Bereich Ihres Lebens eine bestimmte Note erteilen. Bei einem Wert von zehn (an der Umrißlinie des Rads) ist in dem jeweiligen Lebensbereich alles absolut in Ordnung, während die Note eins (im Zentrum des Kreises) bedeutet, daß Sie sich auf diesem Gebiet in größter Not befinden.

Lebensrad

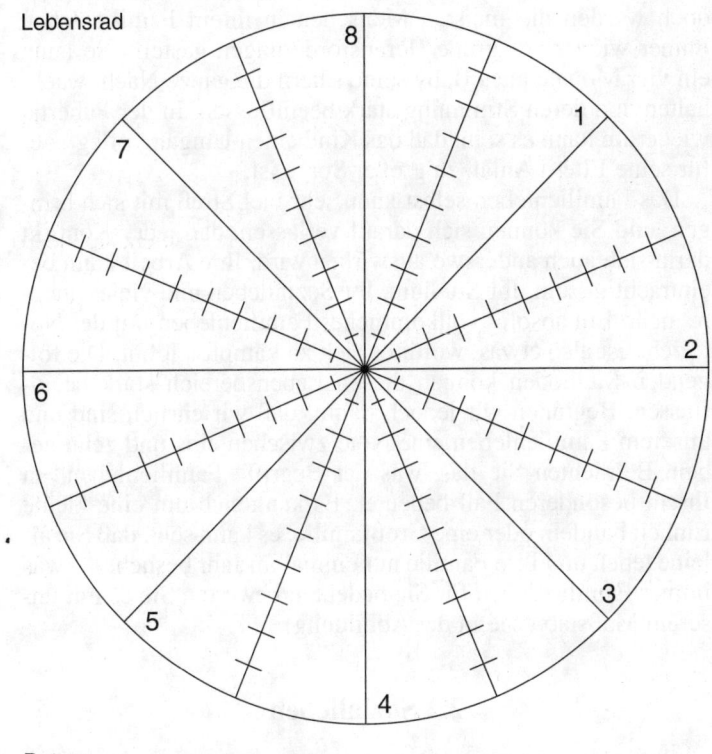

Datum:_____

2.1 Familienleben

Kaum jemand würde wohl bestreiten wollen, daß das Familienleben wichtig ist und die Kultur ihm eine große Bedeutung
beimißt. Von unserer Familie erwarten wir in der Regel, daß sie
uns liebt, umsorgt, nährt, unterstützt usw. In Wirklichkeit jedoch werden die meisten Menschen in ihrem Familienleben
immer wieder vor große Herausforderungen gestellt. So kann
ein vier Monate altes Baby seine Eltern die ganze Nacht wach-
halten und deren Stimmung stark beeinflussen. In der Pubertät
wiederum kann es sein, daß das Kind einen Umgang pflegt, der
für seine Eltern Anlaß zu großer Sorge ist.

Das Familienleben selbst kann sehr viel Streß mit sich bringen, und Sie können sich darauf verlassen, daß jeder Konflikt
darin sich auch anderswo auswirken wird. Ihre Arbeit kann be-
einträchtigt sein, Ihr Studium, Ihr Sozialleben und vieles andere mehr. Ein absolut vollkommenes Familienleben mit der Note zehn ist also etwas, wofür es sich zu kämpfen lohnt. Die folgenden Methoden können diesen Lebensbereich stark beeinflussen. Beginnen wir jedoch damit, daß wir ehrlich sind und
unserem Familienleben eine Note zwischen eins und zehn geben. Betrachten Sie das, was der Begriff „Familienleben" in
Ihrem besonderen Fall bedeutet. Es kann sich um eine kleine
Einheit handeln oder eine Großfamilie; es kann sein, daß Sie alleine leben und Ihre Familie nur einmal im Jahr besuchen – was
immer Familienleben für Sie bedeutet, bewerten Sie es mit unserem Maßstab (wie in der Abbildung).

2.2 Sozialleben

Mit „Sozialleben" meine ich nicht, wie oft Sie mit Ihren Freunden ausgehen, um sich in einem Nachtclub oder bei ähnlichen
Beschäftigungen zu vergnügen. Ich verstehe darunter vielmehr,
wie wir mit anderen Menschen zurechtkommen – ein unab-
dingbarer Teil des Lebens. Wir haben mit so vielen Menschen
zu tun: die, mit denen wir leben und arbeiten, die, die im Su-

permarkt oder in der Bank an der Kasse sitzen, Taxifahrer usw. Bei meiner Arbeit mit vielen erfolgreichen Menschen konnte ich immer wieder beobachten, wie leicht es ihnen offenbar fällt, mit jedem, der ihnen begegnet, zurechtzukommen. Sie sind fähig, andere zu achten und sich um sie zu kümmern. Sie verfügen über ein ausgeprägtes Selbstvertrauen, das ihnen hilft, zu jedem eine Beziehung herzustellen. Genauso konnte ich jedoch beobachten, wieviele Menschen sich selbst im Wege stehen, weil sie zu den einen aufschauen und auf die anderen herabblicken, ohne sich dessen bewußt zu sein. Unsere britische Kultur fördert ein solches Verhalten, obwohl es die Menschen behindert und einschränkt.

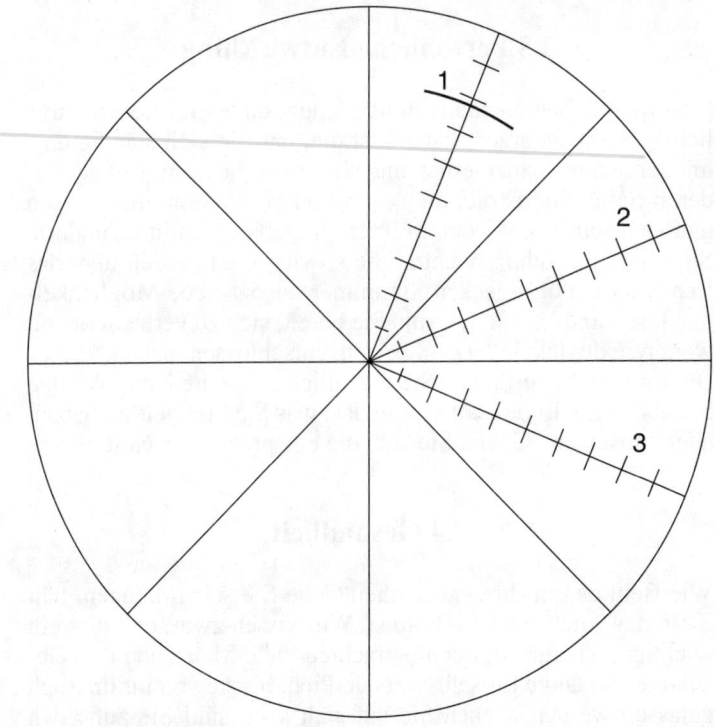

Wie leicht fällt es Ihnen, mit verschiedenen sozialen Situationen zurechtzukommen? Vermeiden Sie es, Ihre Meinung zu äußern und sich an Diskussionen zu beteiligen? Ich lüge nicht, wenn ich sage, daß diejenigen, deren Erfolg ich beobachten konnte, ganz normale Menschen waren. Auch erfolgreiche Menschen beißen nicht, sondern sind eher freundlich zu ihren Mitmenschen. Benoten Sie nun also Ihr Sozialleben: zehn? – Sie sind der Mittelpunkt jeder Party, jeder liebt Sie, Sie sind überall bekannt, haben ein großes Selbstvertrauen und gehen mit anderen Menschen einfühlsam und rücksichtsvoll um. Eins? – Das glaube ich Ihnen nicht. Solche Menschen sind zu ihrem eigenen Schutz eingesperrt.

2.3 Persönliche Entwicklung

Eine meiner Beobachtungen bei denen, die es im Leben wirklich zu etwas gebracht haben, ist die, daß sie sich ständig darum bemühen, dazuzulernen und sich zu verbessern. Auf der anderen Seite gibt es die, die schon von vornherein alles wissen und sich selbst und jeden in ihrer Umgebung damit behindern. Sind Sie eine zehn, möchten Sie so viel wie möglich über das Leben lernen? Entdecken Sie immer wieder neue Möglichkeiten, lesen und lernen Sie, sind Sie bereit, sich zu verbessern und weiterzuentwickeln? Da Sie sich entschlossen haben, dieses Buch zu lesen, verdienen Sie eigentlich eine gute Note. Werden Sie aber nach Ende der Lektüre das, was Sie hier gelernt haben, auch umsetzen? Geben Sie sich die entsprechende Note.

2.4 Gesundheit

Wie steht es um Ihre Gesundheit? Wie Sie sehen können, hält diese das ganze Rad zusammen. Wir wissen zwar, daß dies ein wichtiges Thema ist, doch betrachten viele Menschen ihre Gesundheit so lange für selbstverständlich, bis sie von ihr im Stich gelassen werden. Geben Sie auf sich acht, sind Sie zufrieden damit, wie fit Sie sind, treiben Sie regelmäßig Sport? Ernähren Sie sich gesund, schlafen Sie genug – verdienen Sie also die Note zehn? Eine eins umgekehrt ist jemand, der sehr, sehr krank ist. Wo auf dieser Stufenleiter befinden Sie sich? Die in den folgenden Kapiteln dargestellten Techniken werden Ihr Wohlbefinden verbessern, wie auch ein großer Teil der behandelten Themen Ihrer Gesundheit zugute kommen wird.

2.5 Lebenseinstellung

Die Lebenseinstellung halte ich für ungemein wichtig. Passenderweise hält sie gemeinsam mit der Gesundheit unser Rad zusammen. Zu welcher Lebenseinstellung neigen Sie? Sind Sie ein positiver Mensch, der immerzu an etwas denkt, von dem er hofft, daß es geschieht? Versuchen Sie sofort, das Problem zu lösen, wenn etwas, das Sie sich wünschen, nicht eintrifft? Oder denken Sie negativ, in der ständigen Sorge, irgend etwas könne schiefgehen? Sie sind bestimmt kein Miesepeter – doch wer weiß? Ich bin sicher, Sie teilen meine Meinung über die bedeutsame Rolle, die die Lebenseinstellung in unserem Dasein spielt (vor allem, nachdem Sie dieses Buch gelesen haben). Gehören Sie zu den großen Optimisten dieser Welt – dann geben Sie sich eine zehn. Mit einer eins wiederum würden Sie sich zu schlecht bewerten – in diesem Fall hätte man Sie nämlich schon längst eingesperrt.

2.6 Beruf

Einmal stieß ich auf eine Statistik, derzufolge sieben von zehn berufstätigen Menschen am liebsten etwas völlig anderes täten. Wie geht es Ihnen in Ihrem Beruf? Finden Sie ihn aufregend, lieben Sie ihn, haben Sie Ihre Ziele abgesteckt? Wissen Sie, was Sie erreichen wollen, oder wissen Sie es nicht?

Es gibt nur wenige Dinge, die mich so begeistern, wie zu erleben, daß Menschen bei Kursen, die ich in Firmen gebe, wie-

der Freude an ihrer Arbeit finden – während andere natürlich
kündigen und anderswo noch einmal von vorne beginnen. Unser Beruf nimmt einen großen Teil unseres Lebens in Anspruch.
Wie steht es also mit Ihrer Arbeit? Liegen Sie näher bei der
zehn oder näher zur eins hin? Lesen Sie dieses Buch vielleicht,
um das Selbstvertrauen zu entwickeln, das Sie zur Veränderung
dieses Lebensbereichs brauchen?

2.7 Finanzen

Hier geht es nicht darum, wie reich Sie sind. An den MindStore-
Kursen nehmen Millionäre ebenso teil wie Arbeitslose. Ich frage Sie nicht, wieviel Geld Sie besitzen, sondern welche Beziehung Sie zum Geld haben. Sind Sie krank vor Geldsorgen? Ist
Geld in Ihrem Leben mit Streß verbunden? Oder haben Sie keine Probleme im Umgang mit Geld? Die Note zehn bedeutet
hier, daß Ihnen Geld überhaupt keine Probleme bereitet und
daß Sie fähig sind, das Geld kommen und gehen zu lassen, ohne deshalb in Streß zu geraten. Oder neigen Sie eher zur eins,
sind also vor lauter Geldsorgen in Ihrem Leben völlig einge-
schränkt?

2.8 Spirituelles Leben

Spiritualität spielt im Leben der meisten Menschen, mit denen
ich zu tun habe, zumindest eine gewisse Rolle. Es gibt natürlich
viele, denen Spiritualität überhaupt nichts bedeutet, und wenn
Sie dazu gehören, dann ersetzen Sie diese Kategorie durch irgend etwas anderes, das Ihnen in den Sinn kommt. Wie steht es
um Ihr spirituelles Leben? Hat es den Wert zehn, ist es der Mittelpunkt Ihres Daseins, praktizieren Sie Ihren Glauben voller
Hingabe? Oder plagen Sie Zweifel und Schuldgefühle, weil Sie
sich zu wenig mit diesem Teil des Daseins befassen? Geben Sie
sich die entsprechende Note. Nun vervollständigen wir das Lebensrad, indem wir die einzelnen Bewertungen auf den Maß-

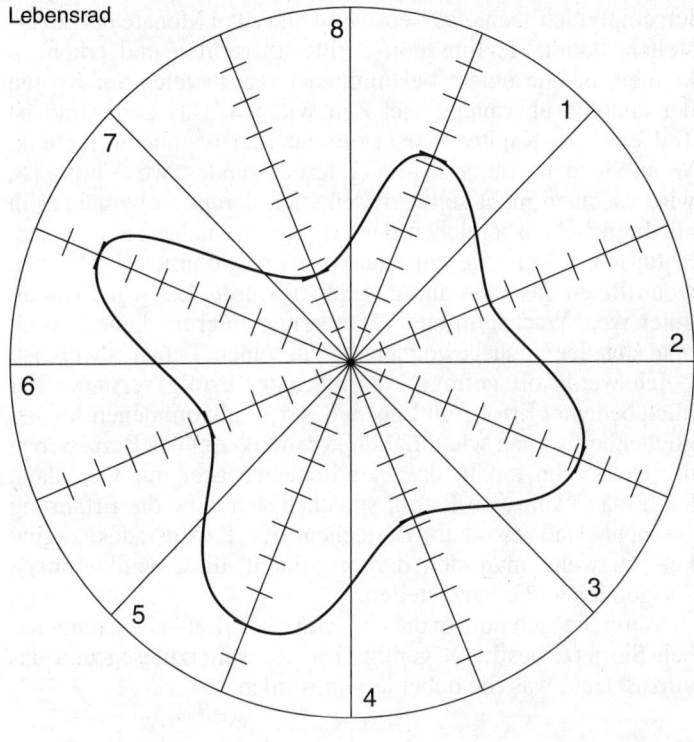

Lebensrad

Datum: _____

stabslinien wie in der folgenden Abbildung miteinander verbinden.

Wenn Ihr Lebensrad ungefähr so aussieht wie dieses hier, dann brauchen Sie sich nicht darüber zu wundern, daß Ihr Leben eher unausgeglichen und unruhig verläuft. Die Techniken, die Sie in diesem Buch erlernen, werden Ihnen dabei helfen, Ihr Leben ins Gleichgewicht zu bringen. An der Form Ihres Lebensrades sollten Sie sofort erkennen, welche Bereiche Ihres Lebens am meisten von diesen Methoden profitieren werden.

Ich empfehle Ihnen, das Lebensrad alle zwei Monate neu zu erstellen, damit Sie Ihre Fortschritte überprüfen und erkennen können, ob Sie einem bestimmten Lebensbereich auf Kosten der anderen übermäßig viel Zeit widmen. Das Lebensrad ist Teil einer in Kapitel 9 näher erläuterten wichtigen Technik. Wenn Sie diese Methode immer dort anwenden, wo es nötig ist, wird es Ihnen nicht schwerfallen, sich darum zu bemühen, in all Ihren Lebensbereichen der zehn immer näher zu kommen. Natürlich wären Sie ein ganz außergewöhnlicher Mensch, wenn Ihnen das vollständig gelingen würde. Es ist jedoch ein guter Weg, Wachstum und Veränderung zu ermöglichen, wenn man sich der Unausgewogenheiten in seinem Leben bewußt ist.

Ich werde oft gefragt, was ich unter Erfolg verstehe. Für mich bedeutet Erfolg ein Leben, das der vollkommenen Ausgeglichenheit so nah wie möglich kommt. Wenn das Berufsleben die Note zehn erhält, das Familienleben aber nur vier, dann kann man kaum von Erfolg sprechen. Ich habe die Erfahrung gemacht, daß es allen Bereichen des Lebensrades zugute kommt, wenn man sich darum bemüht, diese vollkommene Ausgeglichenheit herzustellen.

Wenn Sie sich nun an dieser Übung beteiligt haben, dann haben Sie jetzt bestimmt genug Gründe, weiterzulesen und das umzusetzen, was Sie dabei lernen werden.

Die vier Charaktere des Erfolges

Notgedrungen habe ich mein Leben einem Ziel gewidmet: herauszufinden, was erfolgreiche Menschen von anderen unterscheidet. Ich hatte das Vergnügen, einige der erfolgreichsten Briten aus allen Gesellschaftsschichten zu treffen und mich mit ihnen zu unterhalten. Immer wieder sitze ich über ihrer Biographie oder lese Zeitschriftenberichte über sie; ich sehe sie im Fernsehen oder höre ihr Interview im Radio. Ich nutze jede Gelegenheit, mehr über diese Menschen zu erfahren, und ich glaube, erkannt zu haben, welche Charakterzüge diese wenigen Auserwählten besitzen und wie sich diese auch bei anderen Menschen entwickeln lassen.

Aus all dem ziehe ich den Schluß, daß es vier Grundbestandteile oder Hauptmerkmale des Erfolges gibt und daß jeder sie bei sich selbst entwickeln kann.

Dieses Kapitel erkundet die vier Hauptcharakterzüge, die erfolgreiche Menschen besitzen oder in sich, bewußt oder unbewußt, kultivieren und die sie dazu befähigen, anders zu sein als die anderen, aus der Menge herauszuragen und Erfolg zu haben.

3.1 Erfüllen Sie Ihr Leben mit Elan und Energie

Aus Erfahrung weiß ich, daß erfolgreiche Menschen viel Energie besitzen; sie neigen dazu, frühmorgens aufzustehen, sich den Tag über voll und ganz auf das zu konzentrieren, was sie tun, und sich danach mit ebensoviel Energie ihrer Familie, ihren Freunden oder ihren Hobbys zu widmen. Sie genießen ganz offenbar das Leben und besitzen so viel Energie, daß sie sich den Freuden und den Herausforderungen des Lebens voll und ganz hingeben können.

Es gelingt ihnen also ganz offensichtlich, mit Streß zurechtzukommen. Es mag vorkommen, daß sie sich Streß bereiten, indem sie ständig nach vorne drängen und versuchen, Rückschläge zu überwinden, Ziele zu erreichen und Probleme zu bewältigen, und dennoch scheinen sie dieses ganze Ausmaß an Streß hervorragend zu meistern. Doch wie viele Menschen kennen Sie oder ich, die dazu in der Lage sind? Die meisten Menschen sind dem Streß ihres Lebens nicht gewachsen. Sie bekommen davon Kopfweh, Rückenschmerzen, Verdauungsprobleme und andere typische Beschwerden. Wenn es ihnen nicht gelingt, diesen Streß im Lauf der Zeit zu bewältigen, kann es sein, daß sich diese Beschwerden zu ernsthaften Krankheiten entwickeln – meine Heimat Schottland ist weltweit führend bei Herzerkrankungen, Krebs und Schlaganfällen.

Das Bedürfnis, meinen eigenen Streß zu bewältigen, gab den Anstoß zu meiner großen Entdeckungsreise. Ich spürte, daß der Streß mein Glück bedrohte und mein Selbstbewußtsein schwächte; immer häufiger vergaß ich Dinge – selbst wichtige Informationen. Der Streß schien mich in Besitz zu nehmen, meine Kreativität direkt zu beeinträchtigen und meiner Gesundheit zu schaden. Wenn es uns gelingt, den Streß unseres Lebens zu bewältigen, dann können wir viele Dinge besser erledigen. Wir können uns neuen Herausforderungen stellen, die wiederum zu Erfolg in Beruf und Privatleben führen werden. In den folgenden Kapiteln werden Sie es lernen, mit Ihrer eigenen Energie so umzugehen, daß Sie ein glücklicheres und angenehmeres Leben führen können.

Dies ist sogar der einfachste Teil des ganzen Programms, denn Sie müssen nichts anderes tun, als sich zurückzulehnen und zu entspannen.

Zu meiner Überraschung habe ich entdeckt, daß man auf einem bestimmten Gebiet nicht unbedingt eine natürliche Begabung oder ein besonderes Talent besitzen muß, um erfolgreich zu sein. Kaum jemand würde bestreiten, daß es außergewöhnlich begabte Menschen geben mag, die dennoch auf ihrem Gebiet nicht sehr erfolgreich sind, vielleicht auf Grund mangelnden Selbstvertrauens oder ungünstiger Charakterzüge. Umgekehrt gibt es gewiß auch Menschen, die nur durchschnittlich begabt sind und dennoch großen Erfolg haben, vermutlich dank ihrer Lebenseinstellung, ihrer Entschlossenheit und ihres Selbstvertrauens. Sylvester Stallone zählt gewiß nicht zu den größten Schauspieltalenten der Filmgeschichte, doch wenn man hört, wie er bei Hunderten von Vorsprechproben abgelehnt oder gar ausgelacht wurde und dennoch sein enormes Selbstvertrauen und seinen gewaltigen Ehrgeiz beibehielt, dann weiß man, warum er heute dort ist, wo er ist. Wie viele begabte oder weniger begabte Menschen haben sich daran gemacht, ihre Träume zu verwirklichen, um dann, als es schwierig wurde, aufzugeben? Ich weiß nur, daß niemand sofort erfolgreich sein kann, daß man Rückschläge und Mißerfolge einstecken muß, um stark zu werden – der Erfolg stellt sich oft genau dann ein, wenn man gerade kurz davor ist aufzugeben.

Denken Sie also nicht weiter darüber nach, ob Sie Talent haben, lassen Sie sich von solchen Selbstzweifeln nicht beirren. Wenn Sie besonders begabt sind, dann ist es wunderbar – und wenn Sie es nicht sind, dann lesen Sie weiter.

3.2 Entwickeln Sie eine positive Lebenseinstellung

Ich bin davon überzeugt, daß wir hier in Großbritannien – vor allem in Schottland – und in anderen westlichen Nationen in einer negativen Kultur leben. Jeder erfolgreiche Mensch jedoch, den ich getroffen habe, war ohne Zweifel positiv eingestellt. Solche Menschen denken darüber nach, was sie wollen, sind optimistisch, dynamisch und gehen ihre Probleme aktiv an. Die große Mehrheit scheint jedoch vor allem darüber nachzudenken, was sie *nicht* will – die Menschen jammern und klagen und finden immer wieder Ausreden dafür, warum etwas nicht funktionieren wird oder kann. Sie grübeln über Probleme nach und bewegen sich tagtäglich in denselben eingefahrenen Gleisen: „Hätte ich nur einen besseren Job/einen anderen Partner/einen besseren Wagen/mehr Geld!" Sie neigen dazu, vor allem das im Auge zu behalten, was mißlingen kann, und fürchten Erfolg genauso wie Mißerfolg, Zurückweisung und Unfähigkeit.

Viele vermeiden ein mögliches Versagen, indem sie nichts tun, doch wer nicht handelt, kann auch nicht lernen und wachsen. Ich habe noch nie jemanden getroffen oder von jemandem gehört, der sofort Erfolg hatte. Ein unübersehbarer Mißerfolg führt tatsächlich dazu, daß man lernt, sich bewegt und wächst – und dies ist ein wichtiger Hinweis auf das Geheimnis des Erfolges. Mit einer positiven Einstellung überwinden Sie negative Situationen und bewegen sich nach vorne.

Ich erinnere mich, wie ich als Kind die Verfilmung des Lebens von Douglas Bader sah, wie er den Verlust beider Beine überwand und weiterkämpfte, mit ungeheurem Selbstbewußtsein und erbitterter Entschlossenheit – und dennoch war er nur ein Mensch aus Fleisch und Blut, wie Sie und ich. Was jedoch hervorstach, war seine Einstellung, sein Denken. Ich hörte einmal von einer Frau, die auf dem Eis ausrutschte, als sie ihren Hund ausführte, und sich dabei das Handgelenk brach. Sie ging ins Krankenhaus, und nachdem man ihr Handgelenk verarztet hatte, war sie wieder zu Hause.

Dies geschah zu Weihnachten, und viele Angehörige und Freunde besuchten die Frau, um Sorge und Mitgefühl auszudrücken. Man versuchte, sie dazu zu überreden, eine der vielen Einladungen anzunehmen, die sie für die Feiertage erhalten hatte. Es gab keinen Grund, der dagegen sprach. Solange sie nichts tat, was ihr Handgelenk belastet hätte, hätte sie die Festivitäten alle genießen können. Sie tat es jedoch nicht. Statt dessen fuhr sie fort, negative „Selbstgespräche" zu führen und sich um ihr Handgelenk zu sorgen. Unablässig klagte sie über ihre Verletzung und lehnte alle Einladungen ab. Es ging ihr elend, und am Ende waren die meisten ihrer Freunde froh, daß sie nicht gekommen war. (Mit „Selbstgesprächen" meine ich diese kleinen inneren Monologe, die wir zu allem, was in unserem Leben geschieht, unablässig mit uns selbst führen. Solche Selbstgespräche, unsere vorherrschenden Gedanken, haben die Tendenz, unsere Realität zu erschaffen. Unbewußt werden wir von Ereignissen und Aktivitäten angezogen, die diese Gedanken verstärken und uns damit beweisen, daß wir recht hatten mit dem, was wir ohnehin schon angenommen hatten. Mir geht es hier darum, *positive* Selbstgespräche zu entwickeln. Denken Sie nur an das, was Sie wollen, und *nicht* an das, was Sie nicht wollen.)

Wir alle kennen paradoxe Situationen dieser Art: Wie schafft es jemand mit Douglas Baders Behinderung, sich durchzusetzen, während andere sich mit so wenig zufriedengeben? Auch hier findet sich die Antwort in der Lebenseinstellung.

Wenn wir uns entscheiden, über etwas Bestimmtes nachzudenken, dann entscheiden wir uns dafür, dies in unserem Leben zu haben.

Überlegen Sie doch einmal, wie es wäre, wenn Sie automatisch positiv denken würden. Welche Wirkung hätte das wohl auf Ihren Beruf und Ihr Privatleben? Stellen Sie sich einen Moment lang vor, Ihre Angehörigen, Kollegen und Freunde hätten eine positive Lebenseinstellung. Wie wäre es mit „ich kann" und „ich werde" statt „ich kann nicht" und „es ist unmöglich"? Das wäre für die meisten von uns doch eine kulturelle Herausforderung! Lesen Sie weiter, und Sie werden erfahren, wie man positiv wird und bleibt.

3.3 Geben Sie Meinungen auf, die Sie einschränken!

Erfolg bedeutet offenbar, daß man eine Ebene erreicht und dann nach einer höheren strebt. Niemand hat sofort Erfolg, jeder muß sich bemühen, neue Höhen zu erreichen. Wir alle hegen Überzeugungen, die unser Selbstbewußtsein und unseren Einfluß schwächen, die es verhindern, daß wir uns wirklich etwas zutrauen. Es kommt mir so vor, als erhielten wir bei unserer Geburt eine Tasche, die wir im Laufe der Zeit füllen. Ich nenne es unser „Lebensgepäck". Unsere ganzen Erfahrungen, die Erwartungen anderer, jedes Lob, das uns zuteil wird, und die ganzen Kommentare, die wir im Vorübergehen hören: All dies findet seinen Weg in unser Lebensgepäck.

Sie müssen bestimmt nicht lange suchen, um Menschen zu finden, die von ihrem Gepäck niedergedrückt werden, die sich selbst in vieler Hinsicht einschränken. Um Erfolg zu haben, müssen wir so lange weitermachen, bis wir neue Möglichkeiten entdecken und über unsere gegenwärtige Realität hinausblicken.

Natürlich ist dies alles nicht frei von Gefahren. Es ist immer leichter, sich nicht zu verändern und dort zu bleiben, wo man ist, selbst wenn man in der gegenwärtigen Situation nicht glücklich ist. Die einen nennen dies „Ausbrechen aus der Bequemlichkeit", andere sprechen vom „Vorstoß ins Abenteuer". Frank Dick, einer der führenden Trainer britischer Sportler, unterscheidet *Bergbewohner* und *Talbewohner*. Talbewohner, meint er, blieben dort, wo es am bequemsten ist; sie suchen die Ruhe und Geborgenheit des Vertrauten. Sie sprechen vielleicht davon, etwas verändern zu wollen, doch wenn dies mit Arbeit verbunden ist oder dem Aufgeben dessen, was gerade geschieht, vergessen sie es wieder. Bergbewohner wiederum sind bereit, sich für einen möglichen Sieg in Gefahr zu begeben – vielleicht sogar in Lebensgefahr. Sie lassen sich von Beulen und Blutergüssen nicht unterkriegen, sie setzen sich durch, sie haben Erfolg, sie gewinnen.

Um erfolgreich zu sein, müssen wir die bequemen Gebiete – jene Meinungen über uns selbst, die uns im Wege stehen – hinter uns lassen.

Aerodynamisch gesehen sind Hummeln nicht in der Lage zu fliegen – doch da Hummeln nichts von Aerodynamik verstehen, werden sie wohl auch weiterhin fliegen.

Viele von uns lassen es zu, daß ihre inneren Monologe, ihre Ansichten zu den eigenen Fähigkeiten und Möglichkeiten, sie einschränken und behindern. Roger Bannister schaffte es, in vier Minuten eine Meile zurückzulegen, etwas, das man bis dahin für unmöglich gehalten hatte – etwa 2.000 Jahre lang hatten es Sportler ja auch immer wieder erfolglos versucht. Danach jedoch wurde der neue Rekord innerhalb eines Monats von vielen anderen ebenfalls erreicht, und nach einem Jahr waren es schon Hunderte. Was uns hindert, das sind allein unsere Gedanken und unsere Bequemlichkeit. Wenn es uns gelingt, dies zu durchbrechen, können wir neue Felder erobern, auf denen es dann viel gemütlicher sein wird. Nur das Durchbrechen unserer Grenzen ist harte Arbeit.

Das Geheimnis besteht darin, sich Ziele zu setzen – dies ist der wichtigste Schritt überhaupt, der Grundstein für den Erfolg. Wenn das Leben ein Spiel ist, dann gewinnen die, die die Regeln kennen – doch die große Mehrheit der Menschen weiß noch nicht einmal von der Existenz dieser Regeln, von der wichtigsten Regel, der des Zielesetzens, ganz abgesehen.

Traurig finde ich, daß ich in den ganzen Jahren, in denen ich zur Schule und in die Universität ging, darüber nie etwas hörte. Ich erinnere mich an keine einzige Viertelstunde, wo uns Schüler dies gelehrt wurde, obwohl es meiner Meinung nach das Wichtigste ist, das ich in meinem Leben überhaupt gelernt habe.

Durch Bequemlichkeit und eine negative Sicht der eigenen Möglichkeiten werden die meisten Menschen dazu veranlaßt, diese Regel zu vernachlässigen oder ihr zu mißtrauen. Auch jene Menschen, die sich wirklich Ziele setzen, müssen die schwierigen Herausforderungen bewältigen, die einem Ausbruch aus der Bequemlichkeit folgen. Vielleicht werden sie von anderen verspottet oder ausgelacht, weil sie es wagen, an ihren Erfolg zu glauben und sich wirklich zu verändern. Beim Setzen von Zielen spielen Alter, Geschlecht, Erfahrungen, gesellschaftlicher Hintergrund und – wie schon erwähnt – Talent keine Rolle; man muß nur bereit dazu sein, das Risiko eines Erfolges zu wagen und sich dafür zu engagieren. Andere werden sich dem vermutlich widersetzen und vielleicht sogar versuchen, Sie von Ihren Zielen abzubringen. Das Geheimnis besteht darin, seine Ziele nur denen mitzuteilen, bei denen Sie sich sicher sind, daß sie zu Ihnen halten werden. Anita Roddick von der Firma *Body Shop* drückte dies so aus: „Eine Vision ist etwas, das niemand anderes sehen kann." Also warum sollte man seine Visionen dann anderen überhaupt mitteilen? Fahren Sie einfach fort, Ihre Ziele zu verwirklichen, denn wenn Sie keine Vision haben, werden Alter, körperlicher Verfall und vielleicht sogar ein vorzeitiger Tod die Folge sein.

Ich erinnere mich, wie mir ein leitender Beamter der Londoner
Polizei einmal erzählte, die meisten seiner Untergebenen gin-
gen völlig in ihrer Arbeit auf. Dies sei, sagte er, ein ganz eigener Lebensstil, der viel Einsatz und Hingabe verlange. Nach
seiner Pensionierung habe ein typischer Londoner Polizist
noch eine Lebenserwartung von neun Monaten, wenn es ihm
nicht gelinge, eine neue Beschäftigung zu finden, der er sich
mit der gleichen Hingabe widmen könne.

Ich finde es interessant, daß viele *Talbewohner* auf den Gedanken, man müsse sich Ziele setzen, um Stillstand und Verfall
zu verhindern, mit aggressiver Ablehnung reagieren und darauf
bestehen, daß erfolgreiche Menschen entweder einfach Glück
haben oder Betrüger sind. Der Golfspieler Gary Player wurde
für folgenden Ausspruch bekannt (eine Erwiderung auf die Be-
hauptung eines Reporters, er habe beim Golfspiel sehr viel
Glück): „Komisch ist nur, daß ich um so mehr Glück habe, je
mehr ich trainiere."

Viele wollen gar nicht wissen, wie leicht es in Wirklichkeit
ist, manche Dinge zu ändern; sie halten dies für schwierig, wo
es doch eigentlich so einfach ist, daß man es gar nicht glauben
mag. Bevor wir herausfinden, wie sich Veränderungen einstellen, werfen wir erst noch einen Blick auf das vierte Merkmal
des Erfolges.

3.4 Erfolgreiche Menschen setzen ihr Gehirn vielleicht anders ein

Wir haben schon gesehen, daß erfolgreiche Menschen Streß gut
bewältigen und darum mehr Energie besitzen, daß sie eine positive Lebenseinstellung haben und sich Ziele setzen, um sich
von ihren selbstlimitierenden Überzeugungen zu befreien. Eine
schlechte Meinung von seinen eigenen Fähigkeiten und Möglichkeiten ist wie ein feiner Schutzschild, der auf unserer Reise
durch das Leben genau vor unserem Kopf zu sein scheint.

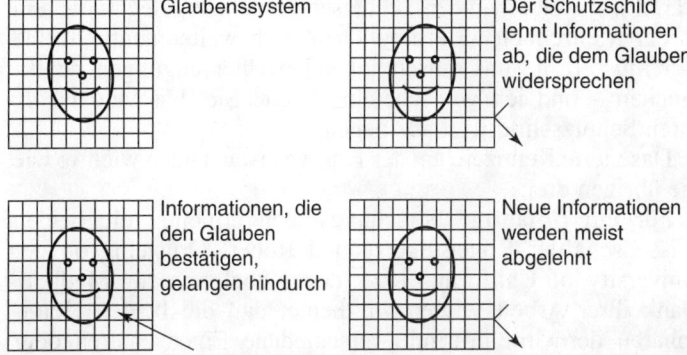

Unser innerer „Schutzschild" veranlaßt uns dazu, Informationen zurückzuweisen, die zu unseren Überzeugungen nicht passen, und nur jene Informationen zu akzeptieren, die unsere vorgefaßte Meinung bestätigen. Haben Sie je versucht, die Ansichten eines Menschen über etwas oder jemanden zu ändern? Wenn Sie mit dem Gesprächspartner einer Meinung sind, dann ist alles in Ordnung – doch wenn Ihre Auffassungen sich widersprechen, wird der andere Ihren Standpunkt vermutlich ablehnen.

Der wirklich große Konflikt entsteht jedoch dann, wenn wir auf ganz neue Informationen stoßen, die in unserem Glaubenssystem gar keine Bedeutung haben. Obwohl solche Informationen eigentlich gar nicht bedrohlich sind, werden die meisten Menschen sie eher zurückweisen. Wo aber wären wir heute, wenn es nicht großartige Menschen gegeben hätte, die in der Lage waren, bei neuen Informationen ihren Schutzschild abzulegen – die bereit dazu waren zu überlegen, ob die Erde nicht eher rund als flach ist, ob es nicht möglich sei, eine Maschine zu entwickeln, die fliegen kann (wie die Brüder Wright!), oder ob Kinderlähmung sich nicht heilen und verhüten lasse. Überlegen Sie einmal, wie viele große Erfindungen der Geschichte wir solch mutigen Menschen verdanken, und wie viele Neuheiten dieser Art wir auch für die Zukunft erwarten dürfen. Wo wären wir, wenn man den Schutzschild nicht abgelegt hätte, um es der Menschheit zu ermöglichen, sich weiterzuentwickeln? Wir müssen die uns einschränkenden Überzeugungen durchbrechen – und ich wünsche Ihnen, daß Sie den Mut haben, Ihren Schutzschild jetzt abzulegen.

Das vierte Kennzeichen des Erfolges ist genauso wichtig wie die übrigen drei.

Für ihre 25jährige Forschungsarbeit erhielten die beiden Wissenschaftler Roger Sperry und Robert Ornstein von der University of California 1981 den Nobelpreis für Medizin. Dank ihrer Arbeit wissen wir heute, daß die beiden Hemisphären der Großhirnrinde verschiedene Eigenschaften oder Funktionen besitzen, und daß geistige Prozesse in einem normal funktionierenden Gehirn folgendermaßen verteilt sind:

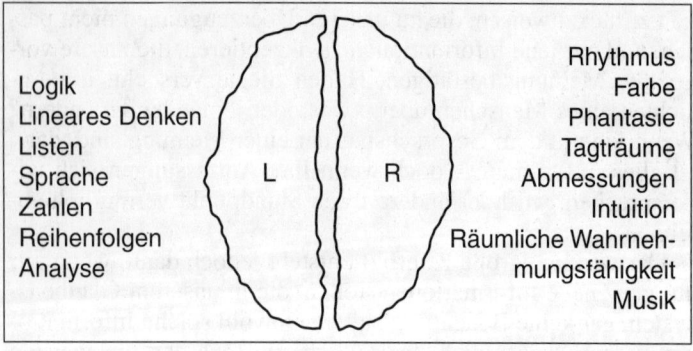

Logik
Lineares Denken
Listen
Sprache
Zahlen
Reihenfolgen
Analyse

L   R

Rhythmus
Farbe
Phantasie
Tagträume
Abmessungen
Intuition
Räumliche Wahrnehmungsfähigkeit
Musik

Es war vor allem Ornstein, der herausfand, daß Menschen, die darauf trainiert waren, so weit wie möglich nur eine Hirnhälfte zu verwenden, fast unfähig dazu waren, die andere Hemisphäre einzusetzen. Er entdeckte jedoch außerdem, daß sich die Gesamtleistung des Gehirns deutlich verbesserte, wenn man die schwächere Hemisphäre dazu brachte, mit der dominierenden Seite zusammenzuarbeiten.

Das herkömmliche Schulsystem konzentriert sich vor allem auf drei Dinge: Lesen, Schreiben und Rechnen. Verstärkt hat die britische Regierung wieder dazu aufgerufen, zu diesen altbewährten Methoden zurückzukehren. An diesen Fertigkeiten ist jedoch allein die linke Hirnhälfte beteiligt, so daß dieser Unterrichtsstil dazu führt, daß sich rechtshemisphärische Eigenschaften kaum noch entwickeln können. Viel zu oft hält man die, die im Lesen, Schreiben und Rechnen gut sind, für intelligent, während diejenigen, die lieber mit ihren Händen arbeiten, die musikalisch oder künstlerisch begabt sind oder sich „Tagträumen" (ein Begriff, der bezeichnenderweise einen negativen Beigeschmack hat!) hingeben, wesentlich weniger Lob erfahren.

Man kann also mit Sicherheit davon ausgehen, daß die meisten Menschen auf Grund dieses Bildungssystems mit einer mächtigen linken Hirnhemisphäre und einer recht schwachen rechten durchs Leben gehen.

Schon bevor die beiden Wissenschaftler ihre Befunde erzielt hatten, vertraten viele Ratgeberautoren und andere auf dem Gebiet des menschlichen Potentials Tätige den Standpunkt, es sei notwendig, positiv zu denken, sich um sein Wohlergehen und seine Energie zu kümmern und sich natürlich Ziele zu setzen, um sich von selbstlimitierenden Meinungen zu befreien. Sie haben es vielleicht schon einmal erlebt, daß Sie begeistert und hochmotiviert waren, nachdem Sie ein positives Buch gelesen oder eine gelungene, anspornende Rede gehört hatten, aber bald wieder in die alten, eingefahrenen Gleise zurückfanden. Was wäre, wenn Menschen deshalb Erfolg haben, weil sie ihre beiden Hirnhemisphären anders verwenden, als die große Mehrheit es tut?

Die Suche nach einer Antwort auf diese Frage brachte Neues über viele große Wissenschaftler und Künstler zutage. So versagte Einstein, der vielleicht größte Wissenschaftler des 20. Jahrhunderts, als Schüler im Fach Mathematik. Offensichtlich überwand er später jedoch den Glauben, seine schlechten Noten in diesem Fach seien ein Zeichen fehlender mathematischer Begabung. Auch auf der Universität soll er sich häufig Tagträumen hingegeben haben, sehr zum Verdruß seiner Professoren.

Die Relativitätstheorie, eine der wichtigsten wissenschaftlichen Theorien überhaupt, die eine ganz neue Physik und Ma-

thematik zur Folge hatte, entdeckte Einstein nicht am Schreibtisch oder an der Tafel, sondern bei einem gemütlichen Son-
nenbad auf einem Hügel. In diesem wunderbar entspannten Zustand waren seine Augen halb geöffnet, so daß vereinzelte Son-
nenstrahlen durch seine Wimpern drangen. Er stellte sich vor,
die Strahlen seien so breit, daß er darauf sitzen könne, und mit
seiner ausgeprägten Phantasie „feuerte" er dann den Sonnen-
strahl in den Raum zurück, tief hinein ins Weltall. Ganz gleich
jedoch, wie sehr er auch versuchte, weit ins Universum einzu-
dringen, er kehrte immer wieder auf den Hügel zurück. Diese
phantastische kreative Reise seiner rechten Hemisphäre veranlaßte seine linke Hirnhälfte dazu herauszufinden, was da vor
sich ging. Einstein widersetzte sich nun seiner wissenschaftlichen Ausbildung und verwendete beide Seiten seines Gehirns,
um seine kreativen Einsichten mit Hilfe einer neuen wissenschaftlichen Formel auf mathematische Grundlagen zu stellen.

Mit einer ähnlichen „beidseitigen" Verwendung ihres Gehirns setzten viele der großen Maler in ihren Bildern mathematisches Denken ganz hervorragend ein. Zur Erzielung außergewöhnlicher Ergebnisse scheinen beide Hirnhemisphären nötig
zu sein.

Auch die Forschungsbefunde zum Leben von Leonardo da Vin-
ci, dem vielleicht außergewöhnlichsten Geist, den es jemals
gab, deuten schließlich darauf hin, daß man beide Hirnhemisphären einsetzen muß, um Großes zu vollbringen. Sein logisches und mathematisches Denken waren brillant, und gleichzeitig war er ein Meister der Farbe, der Rhythmen und des
Ausdrucks. Ich habe seine phantastische Vorstellungskraft – die
Entwürfe für Hubschrauber und U-Boote hervorbrachte –
immer bewundert. Nirgends jedoch wird die Kraft seiner eindrucksvollen Phantasie deutlicher als in seinen anatomisch
perfekten Darstellungen fliegender Vögel. Einstein bemerkte
einmal, Phantasie sei wichtiger als Wissen. Wenn wir uns keine
strahlende Zukunft oder Lösungen für unsere Probleme vorstellen können, dann haben wir überhaupt keine Zukunft, nur
die niederdrückende Fortsetzung der Gegenwart. Wir brauchen
Tagträume genauso wie klug ausgedachte Pläne.

Wenn man davon ausgeht, daß bei den meisten Menschen die linke Hirnhälfte dominiert, dann ist der vielleicht aufregendste Aspekt dieser Angelegenheit der, daß wir nur die schwächere Hemisphäre trainieren müssen, um unsere geistigen Fähigkeiten wirklich zu nutzen. Es geht nicht darum, *entweder* Künstler *oder* Wissenschaftler zu sein – wir können vielmehr beides zugleich sein.

Ich erinnere mich, wie Tony Buzan im Oktober 1991 im Londoner *Institute of Directors* ein neues Trainingsvideo der BBC vorstellte. Tony zählt gewiß zu den größten Denkern unserer Zeit; seine zahllosen Bestseller – die auf der ganzen Welt in vielen verschiedenen Sprachen veröffentlicht wurden – beweisen dies. Seine *MindMaps* („Landkarten des Geistes") sind vielen bekannt (ich selbst verwende MindMaps seit etwa 20 Jahren).

Mit seiner ganzen Autorität und Kompetenz begann Tony die Vorstellung des Videos mit der Bemerkung, in den 70er Jahren habe er voller Überzeugung sagen können, die Menschen verwendeten nur 20 Prozent ihres Gehirns. In den 80ern seien es noch 10 Prozent gewesen. Nun jedoch, meinte er abschließend, in den 90er Jahren, müsse er sagen, die meisten Menschen verwendeten nicht einmal 1 Prozent ihres Gehirns. Anders gesagt, kratzen wir nur an der Oberfläche; wir sind weit davon entfernt, unser ganzes Potential auszuschöpfen.

Ich gehe von der Vermutung aus, daß Sie Ihr Potential nicht einmal annähernd nutzen, ganz gleich, wie erfolgreich Sie sein mögen oder wie aufregend Ihnen Ihr Leben gerade vorkommt. Weiterhin vermute ich, daß Sie auf Grund unseres Schulsystems vor allem die linke Hirnhemisphäre verwenden. Einige unter Ihnen werden natürlich recht kreativ sein und damit die rechte Hemisphäre häufiger verwenden als die meisten anderen Menschen. Dennoch bin ich fest davon überzeugt, daß Sie eine dramatische Veränderung in der Wahrnehmung Ihres Lebens erfahren werden, wenn Sie einmal versuchen, Ihre rechte Hirnhälfte zu trainieren – zumindest, wenn Sie gleichzeitig Ihren Streß bewältigen, eine positive Lebenseinstellung entwickeln und lernen, Ziele zu setzen.

In den Kapiteln 4, 5 und 6 werden Sie lernen, wie Sie Streß bewältigen und Ihrem Leben neue Energie verleihen können. Sie werden die einzigartige MindStore-Technik zur Aktivierung der rechten Hirnhemisphäre und Methoden zur Herausbildung einer positiven Einstellung kennenlernen. Kapitel 7 wird Ihnen zeigen, wie man sich Ziele setzt und auf Erfolg programmiert. In den Kapiteln 8 und 9 werden Sie es lernen, Ihre Intuition einzusetzen und faszinierende rechtshemisphärische Fähigkeiten zu entwickeln. Die letzten beiden Kapitel schließlich zeigen Ihnen, wie Sie aus Ihrem Schlaf den größtmöglichen Nutzen ziehen und schöpferische Gedanken entwickeln können.

Ich bin mir sicher, daß Sie am Ende dieses Buches mit Hilfe einiger interessanter Übungen einen neuen Lebensstil entwickelt haben werden – eine einfach umzusetzende Technik zur Herbeiführung der Veränderungen, nach denen Sie in Ihrem Leben suchen.

Zusammenfassung

Die vier Charaktere des Erfolges

1. Bringen Sie Schwung in Ihr Leben. Lernen Sie, Streß zu bewältigen und Ihre Energien immer wieder zu erneuern.
2. Entwickeln Sie eine positive Einstellung. Lernen Sie es, zu allen Zeiten automatisch an das zu denken, was Sie wollen. Werden Sie zum optimistischen Denker, der Probleme aktiv löst.
3. Durchbrechen Sie Meinungen, mit denen Sie sich selbst einschränken. Zieht Ihr „Lebensgepäck" Sie nach unten? Lernen Sie es, Ihre Bequemlichkeit aufzugeben, sich weiterzuentwickeln und ein viel erfüllteres Leben zu führen.
4. Lernen Sie es, Ihr Gehirn anders einzusetzen. Erkennen Sie, wie wichtig es ist, beide Hirnhälften zu verwenden, und trainieren Sie rechtshemisphärische Fähigkeiten wie Phantasie, Intuition und Kreativität.

Streß:
Wie man ihn besiegt

Streß, einer der heutzutage am häufigsten verwendeten Begriffe, ist vermutlich das größte Einzelproblem des modernen Lebens. Vereinfacht gesagt führt er dazu, daß die Menschen unfähig werden, ihr Alltagsleben zu bewältigen. Bei vielen Übeln unserer Zeit spielt Streß die entscheidende Rolle wie etwa bei Schlafstörungen, Bluthochdruck, Herzerkrankungen, Verdauungsproblemen, sexuellen Schwierigkeiten, Arthritis, Asthma oder dem allgemeinen Zusammenbruch sozialer Beziehungen.

Niemand ist dagegen gefeit. Neuesten Schätzungen zufolge verliert Großbritannien jedes Jahr etwa 40 Millionen Arbeitstage, was den Steuerzahler mit 55 Millionen Pfund belastet. Streß betrifft uns alle, Beamte, Lehrer, Studenten, Bankiers, Busfahrer, Straßenkehrer und Arbeitslose – Männer und Frauen aus allen Altersgruppen und Glaubensbekenntnissen.

Es geht darum zu lernen, wie sich Streß erkennen und natürlich auch bewältigen läßt. Dies kann man mit Psychopharmaka tun, wie Antidepressiva oder Beruhigungsmitteln, doch oft zahlt man dafür einen hohen Preis – Gesundheitsprobleme, Krankheit und vorzeitiger Tod. Ich ziehe es vor, dem Streß auf natürliche Weise zu begegnen.

Für jeden von uns ist Streß ein überaus wichtiges Thema. Sie alle werden jemanden kennen, der dem Streß zum Opfer gefallen ist, und sich an Ihre eigenen Streßerfahrungen gut erinnern.

Die Ursache findet sich bei unseren Urahnen, die in Höhlen lebten und von wilden Tieren bedroht wurden. Sie hatten die Wahl, fortzulaufen oder stehenzubleiben und gegen das Tier zu kämpfen. Wir wissen, daß sie ihre Entscheidung auf einer bewußten Ebene trafen, daß sie die Möglichkeiten durchdachten, bevor sie einen Entschluß fällten. Zum Zeitpunkt der Geburt verfügt das menschliche Gehirn über 20.000 angeborene Programme – darunter die von unseren Steinzeitvorfahren ererbte „Flucht oder Kampf"-Reaktion.

Diese Reaktion auf eine Bedrohung liefert uns eine sofort verfügbare Kraft- und Energiequelle (Adrenalin und Noradrenalin), die es uns ermöglicht, zu fliehen oder stehenzubleiben und zu kämpfen. In unserer grauen Vorzeit trat diese Streßreaktion in jeder bedrohlichen Situation auf; die modernen Bedrohungen finden sich im Büro, in der Fabrik oder sogar in der Familie und beim Spiel, in jeder Phase des menschlichen Lebens von der Geburt bis zum Tod. Wenn wir zu wenig Geld haben, arbeitslos sind oder mit dem Partner nicht zurechtkommen, wird der Streß unübersehbar. Nach außen zeigt er sich dann in Aggression, Ärger, Ungeduld, Anspannung und Angst.

Wenn der Kampf oder die Flucht eine konstruktive Handlung ist, die uns hilft, dann ist natürlich alles in Ordnung. Wenn unsere „Flucht oder Kampf"-Reaktion jedoch nicht zum gewünschten Ergebnis führt, dann können wir den Streß irgendwann nicht mehr richtig steuern und leiden unter einem konstant erhöhten Adrenalinspiegel, bis wir schließlich eines Tages krank werden.

Reize → Glaubenssystem → Reaktion

In meinen Seminaren erkläre ich die Reaktion auf Streß an einem einfachen Modell:

Unser Gehirn verarbeitet Reize – äußere Reize wie Ereignisse und Situationen und innere wie unsere eigenen Gedanken und Einstellungen – mit Hilfe unserer Erfahrungen und Glaubenssysteme, dem „Lebensgepäck", wie ich es an anderer Stelle formuliert habe. Unsere Überzeugungen lösen dann eine Reaktion in unserem Körper aus.

Ein Ereignis erhält erst dann eine Bedeutung für uns, wenn es anhand unserer Glaubenssysteme bewertet wird und eine Reaktion auslöst, die je nach unserer Einschätzung der Lage negativ oder positiv ist. Eine lange Schlange an der Kasse im Supermarkt mag für denjenigen, der einen bestimmten Bus er-

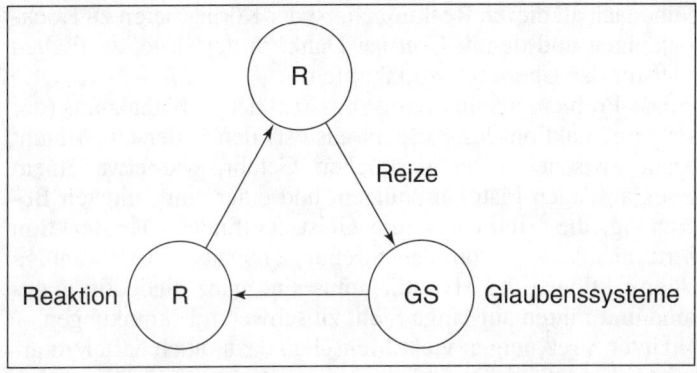

reichen oder pünktlich zu Hause sein will, um einen Freund zu treffen, etwas Negatives sein und darum Ungeduld auslösen, die bald in Wut und Aggression umschlägt. Ein anderer wiederum nutzt die Wartezeit in der Schlange für angenehme Tagträume.

Die Streßreaktion läßt natürlich nach, sobald der Reiz beseitigt oder überwunden wird. In meinem Modell Reize → Glaubenssystem → Reaktion ist diese komplizierte Reaktion des Körpers sehr vereinfacht dargestellt, da Hormone, Nervensystem und Körperfunktionen folgendermaßen miteinander reagieren:

1. Der Hypothalamus erlebt chemische Nervenimpulse, die eine Reaktion des vegetativen Nervensystems auslösen und zu Veränderungen im ganzen Körper führen.
2. Sofort werden die Streßhormone Adrenalin und Noradrenalin in den Blutkreislauf ausgestoßen, wo sie für den Körper zu einer unmittelbar verfügbaren Energiequelle werden.
3. Die Blutgefäße erweitern sich, der Blutdruck steigt, und der Puls beschleunigt sich. Die Lungen arbeiten schneller und flacher. In der Leber wandelt Cortison Stärke in Zucker um, aus dem der Körper dann umgehend Energie beziehen kann. Die Haut beginnt zu schwitzen, die Muskelspannung steigt, und die Verdauung stellt ihre Tätigkeit ein, was zur Entspannung des Blasen- und Afterschließmuskels führt.

Nun, nach all diesen Reaktionen, ist der Körper bereit zu Hochleistungen und damit, Gott sei Dank, in der Lage, zu fliehen oder für das Überleben zu kämpfen.

Das Problem bei all dem ist nur, daß der Hypothalamus (der die Streßreaktion des Körpers auslöst) den Unterschied nicht kennt zwischen einer wirklichen Gefahr, wie etwa einem amoklaufenden Pistolenschützen, und einer eingebildeten Bedrohung, die nur in unserem Geist stattfindet. Die Reaktion wird unabhängig von der Streßursache ausgelöst. Ständige Überreaktionen des Hypothalamus sind ganz eindeutig ungesund und führen auf lange Sicht zu schweren Erkrankungen.

Unter Streß neigen viele Menschen dazu, noch härter zu arbeiten, Überstunden zu machen und sich noch mehr anzustrengen, was den Streß, dem sie ausgesetzt sind, dann nur noch verstärkt. Dies führt zu einer verzerrten Wahrnehmung, bei der die Betroffenen nicht mehr erkennen, was eigentlich geschieht, bis sie schließlich müde und erschöpft sind oder gar zusammenbrechen.

Unsere größte Herausforderung ist es vielleicht zu verstehen, daß wir ein Gegenmittel finden müssen. Dies muß für uns höchste Priorität besitzen. Der einzige Weg dorthin ist logischerweise der, sich zu entspannen, die Muskeln zu entkrampfen, Puls und Blutdruck zu senken und unser inneres Gleichgewicht wiederzuerlangen.

In diesem Punkt bin ich absolut leidenschaftlich. Wenn wir nur sehen könnten, wie wichtig Entspannungspausen für die Arbeitskultur jedes Berufsstandes und Gewerbes sind, würden wir die Kosten im Gesundheitswesen drastisch senken und lebenswichtige Ressourcen genau dort freisetzen, wo sie am meisten benötigt werden. Entspannung wäre ein Teil unseres Lebensstils, wenn sie in jeder Schule unterrichtet würde. Das unsägliche Leid und Elend, das sich damit vermeiden ließe, kann man sich gar nicht vorstellen. Der Streß und seine Folgen sind das Hauptproblem in unserer modernen Welt. Die Lösung – Entspannung – muß zu unserer Hauptbeschäftigung werden.

Qualitativ hochwertige Entspannungsmethoden

Aus meiner Arbeit mit einigen der führenden Sportler unseres Landes weiß ich, daß diese von sich selbst in allem, was sie tun, Höchstleistungen erwarten. Sie wissen, daß sie in einem Spiel oder Rennen nicht gewinnen können, wenn sie in ihrem Training nicht ihr Bestes geben.

Die Sportwissenschaft hat erkannt, daß ein Sportler sich zuerst aufwärmen muß, wenn er zu Höchstleistungen fähig sein will. Es ist durchaus vernünftig, daß man erst seine Muskeln lockert, bevor man sich an den Start macht. Sind sie erst einmal aufgewärmt, werden sie Leistung produzieren und von sich das Beste fordern. Wenn dies geschehen ist, beginnt das „Abwärmen" – und man sieht, wie die Sportler, selbst ganze Mannschaften, nach und nach auf das Spielfeld oder die Rennbahn zurückkehren, um sich mit einer Reihe von „Abwärmungsübungen" wieder zu entspannen.

Wenn diese drei grundlegend wichtigen Phasen vorüber sind, sieht man die Sportler, wie sie sich ausruhen oder sich, wie ich es nenne, qualitativ hochwertige Entspannungsperioden (QHE) nehmen. Dies kann ein ausgedehnter Mittagsschlaf sein oder die Beschäftigung mit einem Hobby oder besonderen Interessen. Nicht zu bestreiten ist jedoch, daß die QHE unerläßlich ist, wenn die Betreffenden auch am nächsten Tag in Höchstform sein wollen. Für die, die mit Leib und Seele bei ihrer Arbeit sind, ist es lebensnotwendig, daß sie diesen Zyklus jeden Tag durchführen.

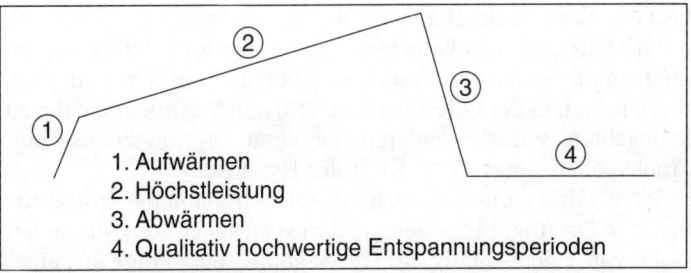

1. Aufwärmen
2. Höchstleistung
3. Abwärmen
4. Qualitativ hochwertige Entspannungsperioden

Sie sind zwar vermutlich kein Sportler, doch wenn Sie die Person sein wollen, die Sie sein können und die die Menschen in Ihrer Umgebung verdienen, oder wenn man von Ihnen ebenfalls ständig Höchstleistungen erwartet, dann müssen auch Sie diesen Zyklus täglich durchlaufen.

Doch wie viele von uns tun dies? Wärmen Sie sich auf, bevor Sie sich an die Arbeit begeben, in eine Besprechung gehen, ein Familientreffen besuchen oder sich ins Nachtleben stürzen? Oder gehen Sie einfach hin und schauen, wie Sie weiterkommen? Nehmen Sie sich die Zeit zum „Abwärmen", oder gehen Sie direkt zur nächsten hektischen Tätigkeit über? Der Punkt, um den es hier geht, ist die QHE. Wie können wir erwarten, daß wir auch am Freitag nachmittag noch unser Bestes geben, wenn wir uns in den Tagen davor keine Entspannung gönnen?

Streßbewältigung und qualitativ hochwertige Entspannungsperioden sind lebenswichtig. Doch was können wir tun, wenn wir verhindern wollen, daß sich im Verlauf eines Arbeitstages Streß in uns aufstaut? Die Antwort findet sich in uns, in unserem Denken, in unserer Einstellung.

Der Weg zu einer positiven mentalen Einstellung

Hier stellt sich natürlich sofort die Frage, wo der Geist aufhört und der Körper beginnt, oder wo umgekehrt der Körper endet und der Geist beginnt. Gewiß geht beides ineinander über oder existiert sogar als Einheit, Gesamtheit. Der Vorgang Reize → Glaubenssystem → Reaktion läßt vermuten, daß die Streßreaktion des Körpers durch das Denken ausgelöst wird.

Die Fähigkeit des Geistes, den Körper zu beeinflussen, hat mich immer schon fasziniert, angefangen von dem einfachen Streich, sich in der Öffentlichkeit heftig zu kratzen und dann zu beobachten, wie die anderen reagieren, bis hin zu der eindrucksvollen suggestiven Kraft der Hypnose.

Ich erzähle gern von der BBC-Fernsehsendung über die Arbeit von Dr. Angel Escudero, einem spanischen Arzt, der in der Nähe von Valencia tätig ist. Die Sendung, eine Folge aus einer

Reihe über alternative Heilmethoden, schilderte die phantastische Arbeit dieses großen Mannes. Gezeigt wird, wie sich das Team im Operationssaal auf einen chirurgischen Eingriff vorbereitet. Eine Frau in einem Krankenhausfrack kommt herein; sie wird nicht auf einer Liege hereingerollt, benebelt von den vor Operationen üblicherweise verabreichten Beruhigungsmitteln, und sie erhält auch ganz eindeutig keine Betäubung.

Die Patientin hat eine Art Verkrümmung im linken Knie, die arthritische Beschwerden verursacht und begradigt werden muß. Dr. Escudero begrüßt sie und hilft ihr dabei, sich auf den Operationstisch zu legen. Am Kopfende der Patientin sitzt die ganze Zeit über eine Krankenschwester, mit der sie sich angeregt unterhält. Dr. Escudero bittet die Patientin nun einfach, in ihrem Mund sehr viel Speichel zu produzieren und diesen während der Operation im Mund zu behalten. Dann solle sie sich immer wieder sagen „Mein Bein ist betäubt". Dies ist die einzige Betäubung, die die Patientin erhält.

Die Operation, zu der tiefe Einschnitte in das Bein gehören, beginnt. Papiertücher werden ausgebreitet und Klemmen werden angebracht, um die Muskeln zurückzuhalten. Mit Hilfe eines Bohrers wird das Bein der Frau schließlich unter- und oberhalb des Knies durchbohrt. Die Patientin ist die ganze Zeit über bei Bewußtsein und unterhält sich angeregt mit der Krankenschwester, während Dr. Escudero und ein Kollege die Operation durchführen.

Nachdem man die Wunden um die in das Knie eingesetzten Metallstäbe verschlossen und genäht hat, steht die Patientin einfach auf und humpelt ohne fremde Hilfe auf die Ärzte und das Pflegepersonal zu, um sich zu bedanken.

Das alles war mehr als erstaunlich. In der Sendung wurden noch weitere derartige Operationen gezeigt, von denen Dr. Escudero schon über 900 durchgeführt haben soll, und das nicht nur ohne Betäubung, sondern auch ohne den Einsatz von Antibiotika.

In einem Interview fragte man den Arzt, wie so etwas möglich sei, ohne dem Patienten schwere Schmerzen zuzufügen oder gar einen Schock bei ihm auszulösen. Dr. Escudero er-

klärte das Geheimnis so: „Der menschliche Geist ist eine sehr
einfache Angelegenheit." Wenn der Mund genug Speichel ent-
halte, interpretiere das Gehirn dies so, daß der Patient völlig
entspannt und in keiner Weise in Panik sei. Wenn man dem
Bein dann mitteile, es sei betäubt und gefühllos, dann sei dies
auch so. Diese offene Antwort schien den Interviewer aus dem
Konzept zu bringen, und die Sendung setzte sich fort ohne weitere Beweise für die vielen Anwendungsmöglichkeiten des von
Dr. Escudero entdeckten Geheimnisses.

Die in diesem Fall gezeigte Macht des Geistes über den Körper ist ein Extrembeispiel für den Vorgang Reize → Glaubenssystem → Reaktion. Wenn dies hier jedoch so wunderbar funktioniert, was geschieht dann, wenn sich jemand beständig negative Erfahrungen einredet – Unglück, Krankheit, Mißerfolge?

Es bereitet mir großes Vergnügen, Sportmannschaften mit
Hilfe des Muskeltest-Verfahrens eindrucksvoll zu zeigen, wie
Gedanken den Körper beeinflussen können. Dieser Muskeltest
entstammt der Kinesiologie, einem faszinierenden diagnosti-
schen Werkzeug, das von vielen Komplementärmedizinern und
Heilpraktikern verwendet wird. (Hierzu empfehle ich Ihnen das
Buch *Der Körper lügt nicht* von Dr. John Diamond.)

Ich tue dies, indem ich die Stärke der Arme überprüfe und
den Betreffenden bitte, den Arm auf Schulterhöhe nach einer
Seite zu strecken und die Hand zur Faust zu ballen. Ich stehe
der Person gegenüber und lege eine Hand auf ihre schwächere
Schulter und die andere auf die ausgestreckte Faust; dann
drücke ich den ausgestreckten Arm nach unten, während die
Testperson versucht, dies mit aller Kraft zu verhindern. Auf
diesem Weg erhalte ich einen Hinweis auf die Stärke des anderen.

Wenn ich denjenigen dann bitte, eine Zigarette in den Mund
zu nehmen (nachdem ich ihm einige Zeit zur Entspannung ge-
währt habe) und den Muskeltest zu wiederholen, stellt die Testperson auf einmal fest, daß ihre Stärke geschwunden ist und sie
sich meinem Druck überhaupt nicht mehr widersetzen kann.
Viele andere Substanzen lassen sich auf ähnliche Weise testen.

Ich fahre dann fort, die Stärke der Testperson zu messen, während ich gleichzeitig positive und negative Wörter wie „Gewinnen" und „Verlieren" oder „Liebe" und „Haß" wiederhole.

Es mag albern erscheinen, doch wenn sie die positiven Wörter hören, sind die meisten Menschen stärker als sonst, während die negativen Begriffe ihre Energie zu schwächen scheinen.

Die meisten Teilnehmer an meinem Experiment versuchen, dieses Ergebnis als einen Streich oder Trick meinerseits abzutun, indem sie zum Beispiel behaupten, ich hätte meine Position oder die Intensität meines Drucks verändert. In Wahrheit habe ich mich jedoch bemüht, die Stärke des Drucks bei jedem neuen Durchgang beizubehalten. John Diamond zeigt in seinem Buch Fotos und Befunde von objektiveren Methoden, bei denen der Widerstand mit einer Maschine gemessen wird.

All dies fasziniert mich und natürlich viele meiner Zuhörer, doch was ich damit zeigen will, ist, wie Wörter und Gedanken unseren Körper und damit logischerweise auch unsere Leistungsfähigkeit beeinflussen.

Überall in Großbritannien, in Fabriken wie in Chefetagen, habe ich mein MindStore-System schon unterrichtet. Unter meinen Zuhörern befinden sich Menschen aus allen Gesellschaftsschichten. Ich habe dabei die Erfahrung gemacht, daß es eine grundlegende Kraft gibt, die immer und überall gegenwärtig ist, unabhängig vom jeweiligen Hintergrund, den äußeren Umständen oder der sozialen Schicht. Für mich erklärt diese Kraft die menschliche Existenz mit all ihrer Hoffnungslosigkeit und all ihren großartigen Leistungen: die Einstellung des jeweiligen Menschen oder, um es anders auszudrücken, die Qualität seiner inneren Stimme.

Auch dies halte ich für eines der drängendsten Probleme des modernen Lebens. Die Tendenz unserer westlichen Kultur ist meiner Meinung nach zum größten Teil negativ. Die innere Stimme ist selbstkritisch, einschränkend und auf das „Ich kann nicht" programmiert, was die meisten Menschen daran hindert voranzukommen. Unsere Aufgabe ist es, das Negative zum Schweigen zu bringen und aus dem „Ich kann nicht" ein „Ich kann" zu machen.

Wenn wir positive Selbstgespräche entwickeln und lernen, daran zu glauben, kommen wir alle voran.

Zu meiner großen Freude erklärte der Nachrichtensprecher Martin Lewis 1993 in einem Interview, die meisten Nachrichten seien viel zu negativ. Dem kann ich nur zustimmen. Wir sind eine Nation von Sensationsreportern. Nur sehr wenige Nachrichten sind positiv, und die finden sich dann meist auf einem unbedeutenden Platz am Ende der Sendung oder in einer unscheinbaren, wenige Zentimeter langen Spalte. Es geschieht so viel Gutes auf dieser Welt, in jeder Stadt und Region dieses Landes wird immer wieder Wunderbares vollbracht und geleistet, doch darüber hören wir nie etwas – statt dessen erfahren wir täglich von Hungersnöten, Kriegen, Gewalt und Verbrechen.

Wenn Sie an dieser Stelle reagieren möchten, um zu sagen, wir könnten diese Probleme doch nicht ignorieren, dann stimme ich Ihnen voll und ganz zu. Mir geht es nur darum, daß wir uns bei der Beobachtung dessen, was um uns herum geschieht, auf Möglichkeiten und Lösungen konzentrieren. Wenn wir weiterhin nur auf die Probleme schauen, werden sie nicht weniger werden, sondern mehr; wenn wir uns jedoch auf die Lösungen konzentrieren, werden auch die Probleme früher oder später verschwinden.

Es gibt so viele Beispiele, die man verwenden könnte. Zu meinen größten Freuden gehört die Arbeit mit führenden Sportlern – zu den bekanntesten zählt Liz McColgan. Viele, die sich auskennen, halten sie sogar für die größte Sportlerin aller Zeiten. Ich erinnere mich an den Bericht einer Londoner Zeitung am Tag der Weltmeisterschaft im 10.000-Meter-Lauf in Tokio. Liz wußte alles über positive Haltungen. Der Zeitungsbericht handelte von einer Pressekonferenz in der Nacht davor, auf der man einige der Teilnehmer des 10.000-Meter-Laufs interviewt hatte.

Einer der Reporter fragte einen Teilnehmer: „Wenn Sie nicht gewinnen, wer wird dann Ihrer Meinung nach der Sieger sein?" Der Läufer antwortete. Dies veranlaßte die anderen Journalisten dazu, den Vertretern ihres Landes dieselbe Frage zu stellen. Liz McColgan war die letzte, die gefragt wurde, und während alle anderen Sportler irgendeinen Mitbewerber genannt hatten, sagte Liz: „Ich habe Ihnen doch schon mal gesagt, daß ich die einzige bin, die gewinnen wird." Ich war begeistert! Dieser Satz drückt genau das aus, worum es mir geht. Geben wir dem Negativen nicht die geringste Chance! Liz hatte ein einziges Ziel: zu gewinnen. Wer seine Ziele verwirklichen will, muß bereit und fähig sein, sich voll und ganz darauf zu konzentrieren und sich mit allen Kräften dafür einzusetzen. Liz gewann übrigens die Goldmedaille, und das unter unglaublichen Bedingungen. Sie erinnern sich vielleicht noch an den Fernsehkommentar aus jener Nacht – welch ein Jubel!

Einer ganz anderen Welt entstammt die Geschichte des großartigen Viktor Frankl, jenes weltberühmten Psychiaters, der drei Jahre seines Lebens als Gefangener in den grauenvollen Konzentrationslagern Dachau und Auschwitz verbrachte. In seinem Buch *Der Mensch vor der Frage nach dem Sinn* beschreibt er, welches Leid und welche Erniedrigungen ihm dort zugefügt wurden. Er mußte erleben, wie man Freunde und Verwandte lebendig begrub oder in Gaskammern umbrachte. Glücklicherweise übersteigt ein solches sich täglich wiederholendes Trauma die Vorstellungskraft der meisten Menschen. In seinem Buch betont Frankl immer wieder, daß diejenigen, die überlebten, eine wichtige Eigenschaft gemein hatten: die Einstellung. Man könne einem Menschen alles nehmen, schreibt er, außer der letzten aller menschlichen Freiheiten: Seinen Weg zu wählen, zu entscheiden, wie man auf bestimmte Umstände reagiert.

Mit solchen Anekdoten von großen und berühmten Menschen könnte ich ein ganzes Buch füllen, und ich weiß, daß es ihre Einstellung war, auf die es ankam. Dennoch werden wir wohl auch in Zukunft ein Volk von Miesepetern bleiben. Die wenigen positiv gestimmten Menschen werden meist verachtet oder ausgelacht; oft hält man ihre positive Haltung auch für irgendwie unangebracht. Andere wiederum glauben, eine solche Einstellung sei ganz einfach aufgesetzt, reine Show, oder gehe zu Lasten der vom Schicksal weniger Begünstigten.

Wer positiv eingestellt ist, muß häufig gegen den Strom schwimmen. Das Jammern ist gesellschaftlich akzeptiert, und auf die einfache Frage „Wie geht's?" erhält man meist nur ein „Geht so" zur Antwort.

Ich werde nie vergessen, wie ich einmal die Büroräume einer großen britischen Firma aufsuchte, um dort den Manager zu treffen. Es war Anfang Juni, und die Sonne stand schon frühmorgens hoch am Himmel; die Vögel sangen, und es war eine Freude, auf dieser Welt zu sein. Der Empfangsbereich der Firma befand sich in einer recht großen Halle. Man bat mich, noch einige Minuten zu warten, bis der Manager verfügbar sei. Geduldig stand ich nun in einer Ecke, als zehn Meter weiter eine Tür aufging.

„Welch wunderschönen Tag wir heute haben!", begrüßte mich der Mann, der hereinkam. Er war in Hochstimmung und strahlte vor Lebensfreude. Es war übrigens nicht der Chef der Firma. Vielmehr ging der Herr zur Rezeption, wo er sich an eine der dort tätigen Damen wandte: „Die Zentrale hat meine letzte Abrechnung wohl noch nicht bearbeitet, Helen, oder?" Diese Abrechnung war ihm ganz offensichtlich wichtig – er war ein Vertreter, der kein festes Gehalt hatte, sondern von der Provision auf seinen Umsatz lebte. „Nein", erwiderte die Rezeptionistin, „die Abrechnung ist noch nicht zurück." Der Mann reagierte mit einem Kraftausdruck, und seine Haltung änderte sich von einem Moment auf den anderen. Hatte er zuerst vor Lebensfreude und Begeisterung gestrahlt, so schien er jetzt vom Schicksal regelrecht niedergedrückt. Er drehte sich um und schleppte sich mit letzter Kraft zur Tür. In wenigen Sekunden war aus einem Mann, der so viel Vitalität besaß, daß er alles hätte erreichen können, ein ausgelaugtes, lebloses Wrack geworden.

In Wahrheit war der Briefträger einfach noch nicht gekommen, und die in der Nacht eingetroffenen Faxe waren noch nicht bearbeitet worden. Die Telefonzentrale war überlastet, und jeder der eingehenden Anrufe hätte für ihn sein können. Die Tragödie bestand darin, daß der Mann gar nicht merkte, wie seine negative Reaktion seinen restlichen Tag beeinflußte, ganz zu schweigen von der Wirkung auf seine Kolleginnen, die ihn jetzt durch die Tür zurückkommen sahen und die möglicherweise mit dazu beigetragen hatten, daß er sich so negativ über die Firmen ausließ.

Wir haben meiner Meinung nach immer eine Wahl, und ich kann Viktor Frankl nur beipflichten. Wenn wir morgens erwachen, haben wir im Schlaf unsere Energie wieder aufgeladen – solange wir gesund essen und schlafen, besitzen wir all die Energie, die wir brauchen, um den vor uns liegenden Tag zu bewältigen. Jeder zweite von uns macht einen Großteil dieser Energie wieder zunichte durch die Art und Weise, wie er aufsteht und den Tag begrüßt: Auf das Klingeln des Weckers – das selbst schon Streß verursacht – folgt gewöhnlich ein „Oh nein, es ist Montag!"

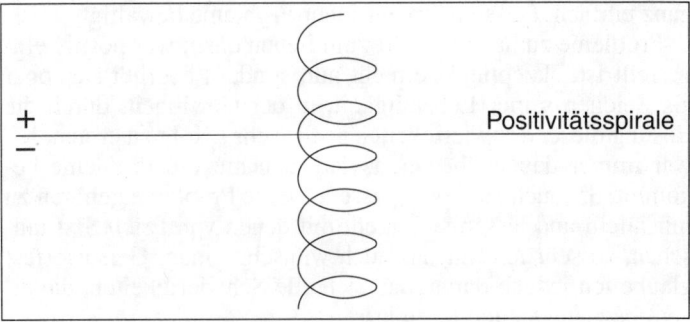

Wir haben die Wahl, das herzustellen, was ich die Positivitätsspirale nenne, unseren Blick auf die Sonnenseite zu richten – oder umgekehrt, wie es häufiger vorkommt, die Negativitätsspirale hinabzurutschen. Wenn Sie Ihre Gedanken beobachten oder den Gesprächen anderer zuhören, werden Sie feststellen, daß ein negativer Gedanke oder ein negatives Wort sofort weitere negative Gedanken und Wörter hervorbringt.

Positiv zu sein bedeutet, gegen den Strom zu schwimmen. Als ich mit meinen MindStore-Seminaren begann, waren nur wenige Menschen daran interessiert, während viele darüber lachten, zynische Bemerkungen machten oder versuchten, es als aufgebauschten amerikanischen Unsinn abzutun. Wenn Sie selbst einmal versuchen, die Dinge positiv zu betrachten, werden Sie zunächst viele ablehnende Reaktionen ernten. Bald jedoch wird es den Menschen in Ihrer Umgebung auffallen, daß Sie sich verändert haben. Sie werden sich vielleicht sogar darüber freuen, denn Sie sind nun ein wesentlich angenehmerer Gesprächspartner als zuvor. Sie werden bestimmt mehr Energie besitzen und sehr viel mehr Spaß am Leben haben.

In Wirklichkeit gibt es gar kein Leben ohne Schwierigkeiten. Wer kann ernsthaft behaupten, er habe keine Probleme? Früher glaubte ich, erfolgreich zu sein bedeute, im Leben keine Probleme mehr zu haben; vor meinem inneren Auge sah ich einen wunderschönen Strand im hellen Sonnenlicht und ein ewiges Leben in Luxus. In Wahrheit bedeutet Erfolg zu haben jedoch ganz einfach, daß man immer mehr Probleme bewältigt.

Probleme zu haben gehört zum Leben dazu; wer positiv eingestellt ist, akzeptiert sie nicht nur, sondern begrüßt sie sogar als Zeichen seiner Lebendigkeit, in der Gewißheit, durch die Lösung dieser Schwierigkeiten noch mehr Erfolg zu ernten. Ich war immer davon überzeugt, daß man nur die Probleme bekommt, die auch zu einem passen. Meine Probleme gehören zu mir allein und lassen sich nicht mit denen von Erich Sixt tauschen, so sehr ich mir das auch wünschen mag. Genauso fest glaube ich jedoch daran, daß sich alle Schwierigkeiten, die einem begegnen, auch lösen lassen.

Die Menschen versuchen gern, andere für die eigenen Probleme verantwortlich zu machen. Die einen beschuldigen die Regierung, die Gewerkschaften oder die Unternehmer; die anderen schieben alles auf die Mutter, den Vater und die Erziehung, die sie hatten. Nichts ist leichter, als anderen die Schuld zu geben, und wenn Sie sich das nächste Mal dabei ertappen, dann achten Sie auf die drei Finger, die auf Sie zeigen, wenn Ihr Daumen zum Himmel weist.

Übernehmen Sie die Verantwortung für Ihre Probleme und gestehen Sie sich ein, daß es Ihre eigenen sind – und entscheiden Sie sich dann dafür, sie zu lösen.

Napoleon Hill, Verfasser der großartigen Bücher *Denke nach und werde reich* und *Erfolg durch positives Denken*, bemerkte einmal, Zeiten der Not enthielten den Samen für große Gewinne. Aus jeder Situation kann auch etwas Gutes erwachsen; selbst in noch so schweren und harten Zeiten ist es Ihre Aufgabe, die darin enthaltenen Möglichkeiten zu entdecken und sich darauf zu konzentrieren.

Viele Menschen, die positiv denken, ziehen es vor, das Wort *Problem* gar nicht zu verwenden, da es bereits beinhaltet, daß man in einer unangenehmen Lage steckt. Benutzen wir statt dessen doch den Begriff *Herausforderung*! Dieses Wort klingt wesentlich positiver und vermittelt die Zuversicht, der Lösung nahe zu sein.

Haben Sie sich erst einmal dazu entschlossen, die Dinge selbst in schwierigen Zeiten positiv zu betrachten, dann geht es darum, diese Einstellung auch beizubehalten. Sagen Sie sich immer und immer wieder, die Lösung stehe unmittelbar bevor und die Schwierigkeiten würden bald vorüber sein. In Zeiten, in denen es mir schlecht ging (und ich kann Ihnen versichern, daß ich auch solche Zeiten kenne), wiederholte ich im Geiste unablässig: „Dies wird vorbeigehen. Ich weiß, daß sich die Zeiten ändern werden." Wenn ich mich einer scheinbar sehr großen Herausforderung nicht gewachsen fühle, dann hilft es mir sehr, wenn ich erst einmal auf Distanz dazu gehe und mir Zeit gönne, damit mein Unterbewußtsein Lösungen finden kann. Wenn ich mich der Angelegenheit dann einen Tag später wieder stelle, kann es sein, daß sie gar nicht mehr so bedrohlich wirkt.

Diese positive Vorgehensweise hat es mir ermöglicht, meinen inneren Fokus zu verändern. Als ich über Probleme noch den ganzen Tag nachbrütete, schienen sie immer gewaltig und unlösbar zu sein. Schließlich machte ich mir ein lösungsbezogenes Denken zu eigen und entdeckte, daß sich die Lösungen auf einmal ganz von selbst einstellten. Dies ist keine Zauberei. Ihre positive Einstellung wird jene Menschen, Orte und Möglichkeiten anziehen, die Ihren Erwartungen entsprechen. Wenn Sie sich erst einmal dazu entschließen, positiv zu denken, wer-

den Sie überrascht sein, wie schnell sich plötzlich wie aus dem
Nichts neue Möglichkeiten auftun, und wie viele Menschen auf
Sie zugehen, um Ihnen zu helfen – eine Erfahrung, die recht
aufregend sein kann.

Seien wir realistisch. Sie und ich leben und sind deshalb
auch mit den Problemen des Lebens konfrontiert. Wir können
dem Leben und dem, was es mit sich bringt, nicht entkommen.
Im Leben haben wir immer wieder mit traurigen Ereignissen zu
tun; wir erleiden Verluste, Unfälle, Zurückweisungen und Enttäuschungen, wir werden krank oder arbeitslos. So ist das Leben eben. Wenn Sie den Eindruck haben, um Sie herum laufe
alles schief, dann müssen Sie darauf achten, daß Sie Ihre Reaktion darauf voll und ganz unter Kontrolle haben.

Sie können sich Ihre Lebenseinstellung aussuchen. Wenn Sie
sich dafür entscheiden, positiv zu sein, dann entscheiden Sie
sich dafür, stark zu sein. Sie lassen sich von den Umständen
nicht unterkriegen und werden zu einer Kraftquelle nicht nur
für sich selbst, sondern auch für die Menschen um Sie herum.
Es ist mehr als wahrscheinlich, daß Sie dann auch einen Aus-
weg finden. Ihre positive Einstellung wird Ihre Erfolgsaussich-
ten drastisch steigern. Denken Sie jedoch daran, daß dies nur
gelingt, wenn Sie täglich von früh bis spät daran arbeiten.

WIE SOLL MAN DEN GROSSEN HERAUSFORDERUN-
GEN DES LEBENS POSITIV BEGEGNEN, WENN MAN ES
BEI DEN KLEINEN NICHT SCHAFFT?

Achten Sie auf Ihre Sprache

Dies bedeutet, bei den Grundlagen zu beginnen. Ihre Gedanken
und Ihre Sprache spiegeln Ihre Lebenseinstellung wider, und
Ihre Wortwahl zeigt an, wie Sie denken. Wenn Sie aus Ihrer negativen Einstellung eine positive machen wollen, dann beginnen Sie damit, daß Sie Ihre Sprache verändern – verwenden Sie
nur noch positive Begriffe. Machen Sie Schluß mit der negativen Sprache des grauen Alltags. Achten Sie auf die Wörter, die
Sie verwenden, und Sie werden entdecken, daß viele eine ne-

gative Bedeutung haben, daß sie Sie in eine Richtung lenken, in die Sie bestimmt nicht gehen wollen.

Ich habe einmal die folgende einfache Definition gehört: Positiv zu denken bedeutet, über das nachzudenken, was man will. Negativ zu denken bedeutet, über das nachzudenken, was man nicht will.

Es lohnt sich durchaus, ein Blatt Papier zu nehmen und die negativen Wörter aufzuschreiben, die man immer wieder verwendet. Finden Sie dann für jeden Begriff einen positiven Ersatz.

Negativ	Positiv
• Problem	• Herausforderung
• Ich habe es vergessen	• Ich erinnere mich gleich wieder
• Es ist kalt	• Es könnte wärmer sein
• Ich fühle mich krank	• Ich könnte mich besser fühlen
• Ich bin müde	• Ich könnte mehr Energie haben

In meinen MindStore-Seminaren weise ich immer wieder auf folgendes hin: Wenn man das Gehirn als eine Art natürlichen Computer betrachtet, dann wirken unsere Wörter und Gedanken auf das Gehirn wie ein Programm. Gemäß dem Modell Reize → Glaubenssystem → Reaktion müssen wir sorgfältig darauf achten, daß wir durch Verwendung positiver Alternativen zu den negativen Tendenzen unserer Sprache die von uns gewünschte Reaktion sicherstellen.

In der Computerbranche hört man oft den Begriff GIGO – die Abkürzung des englischen „Garbage In, Garbage Out", was soviel bedeutet wie „Tut man Abfall hinein, kommt auch Abfall heraus." Das ist nur logisch: Füttert man den Computer mit falschen Informationen, sind die Ergebnisse ebenso falsch. Das Umgekehrte ist natürlich genauso richtig: Gibt man Gutes hinein, kommt Gutes heraus.

Lösche das Programm

Sie werden entdecken, daß Sie Ihre Sprache verändern müssen, und dabei kann eine Art formelhafter Vorsatz von großem Nutzen sein. Ich empfehle jedem, den folgenden Satz zu verwenden: „Lösche das Programm!"

Der der Computerwelt entstammende Ausdruck wird auch den natürlichen Computer beeinflussen – Ihr Gehirn:

Machen Sie es sich zur Gewohnheit, sofort an diesen Satz zu denken, wenn Sie sich dabei ertappen, daß Sie negative Wörter verwenden oder negative Gedanken hegen. Mit Hilfe dieses Satzes wird es Ihnen gelingen, das negative Wort durch eine positive Alternative zu ersetzen, zum Beispiel: „Ich glaube, wir haben ein Problem" – lösche das Programm – „Ich glaube, wir sind hier mit einer Herausforderung konfrontiert"; „Ich fühle mich krank" – lösche das Programm – „Es könnte mir jetzt sehr viel besser gehen."

Prägen Sie sich diesen Satz ein, und bald schon werden Sie das Negative nicht mehr übersehen können. Es wird Ihnen nicht nur bei sich selbst auffallen, sondern auch in Ihrer Umgebung, und Sie werden auch entdecken, daß eine positive Sprache auch Ihre Leistungen im Beruf verbessert.

Arbeiten Sie daran, und Sie werden erstaunt sein, wie negativ Ihre Sprache ist – und wie schnell Sie sie mit Hilfe dieses Werkzeugs zum Positiven verändern können. Die Verwendung einer positiven Sprache wird Ihre Lebenseinstellung sehr schnell beeinflussen und damit Ihre Energie, Ihr Wohlergehen und Ihre Lebensfreude stärken. Mit anderen Worten: *„Es funktioniert einfach."*

Positive Vorsätze (Affirmationen)

Ein anderes sehr nützliches Werkzeug sind positive Aussagen oder Vorsätze, die man den Tag über immer wieder im Geiste wiederholt. Diese Affirmationen helfen einem dabei, positive innere Selbstgespräche zu entwickeln, und wirken sich oft auch sofort auf das eigene Verhalten und die erzielten Leistungen aus.

Derartige Vorsätze, die oft weithin beliebt sind, gibt es viele; zu den bekanntesten zählt jener Satz, den der französische Apotheker Emile Coue ersann, nachdem er entdeckt hatte, daß seine Patienten schneller wieder gesund wurden, wenn er ihnen zusammen mit der Arznei einen Satz auf den Weg gab, den sie während der Einnahme wiederholen sollten. Sein berühmter Satz lautet: *„Ich fühle mich Tag für Tag in jeder Hinsicht immer besser."* Manche wandeln diese Aussage ab zu „immer stärker" oder „immer glücklicher"; zögern Sie also nicht, den Satz so zu formulieren, wie es für Sie am besten ist.

Viele, die einen solchen Vorsatz beständig wiederholen und zugleich versuchen, Selbstvertrauen und Optimismus beizubehalten, berichten von einer Verbesserung ihres Befindens. Damit diese Vorsätze das Unterbewußtsein erreichen und den gewünschten Zustand herbeiführen, sollten sie in einer besonderen Weise formuliert und aufgeschrieben werden. Die Aussage muß positiv, persönlich gehalten und zeitlich im Präsens (der Gegenwartsform) formuliert sein. Ich empfehle Ihnen, mit den Wörtern „ich" oder „mein" zu beginnen und immer auch das Wort „jetzt" zu verwenden, wie zum Beispiel:

„Ich bin der absolute Gewinner und habe mit allem, was ich jetzt unternehme, hundertprozentig Erfolg."

Oder:

„Meine Finanzen sind jetzt völlig in Ordnung."

Der Kanadier Brian Tracy, der einige sehr gute Trainingskurse zur persönlichen Entwicklung erarbeitet hat, empfiehlt, morgens aufzustehen mit Vorsätzen wie: „Ich glaube, heute wird etwas Wunderbares geschehen." Tracy schlägt vor, dies direkt nach dem Erwachen fünfmal zu denken und auch folgende positive Aussagen ebenso oft zu wiederholen: „Ich mag mich!" und: „Ich fühle mich glücklich, ich fühle mich gesund, ich fühle mich wunderbar!"

Es ist leicht, solche einfachen Methoden zur Herbeiführung von Veränderungen als Unfug abzutun, doch versuchen Sie es einmal zehn Tage lang mit Ihren eigenen positiven Vorsätzen und sehen Sie, was geschieht.

Sie haben gewiß schon gemerkt, daß ich ein begeisterter Optimist bin. Ich erinnere mich an Zeiten, wo es mir finanziell, gelinde gesagt, nicht gut ging. Mein Konto war weit überzogen, und ich besaß kaum noch Geld für meinen Lebensunterhalt. Da entdeckte ich eine phantastische Methode, mit solchen Situationen umzugehen, und zusammen mit meinem begeisterten Optimismus gelang es mir dann, das Blatt zum Guten zu wenden. Immer, wenn mir meine Geldsorgen einfielen, wiederholte ich innerlich: „Meine privaten und beruflichen Finanzen sind jetzt völlig in Ordnung." Ich nahm mein Scheckbuch und vermerkte auf jedem Scheck in dicker schwarzer Tinte:

Mit großer Freude	Datum _____
zahle ich _____	
_____	
	DM _____
	Unterschrift _____

Auf die Rückseite der Schecks schrieb ich:

Dieser Betrag geht in die Welt hinaus und bereichert sie, bevor er um ein Vielfaches vermehrt zurückkehrt.

Sie können sich vorstellen, wie dies auf die Angestellten meiner Bank wirkte! Sie lachten sich tot und starrten mich bei meinem nächsten Bankbesuch ungläubig an. Ich spürte eine merkwürdige Erregung, als ich merkte, daß alle mich für einen Spinner hielten. Viel wichtiger war jedoch, daß es funktionierte! Meine positiven Vorsätze stärkten mein Selbstbewußtsein und damit auch die Einstellung derer, die mit mir Geschäfte machten, enorm. Ich lüge nicht, wenn ich sage, daß sich mein Einkommen wirklich vervielfacht hat und daß ich seit dem Moment, in dem ich diese positiven Vorsätze formulierte, keine Geldsorgen mehr hatte.

Wenn Sie mehr darüber erfahren möchten, dann lesen Sie Bücher wie *The Richest Man in Babylon* („Der reichste Mann in Babylon") von George S. Clason, das hervorragende *Das innere Geheimnis des Reichtums* von Mark Fisher oder meinen Favoriten *Moneylove* („Liebe zum Geld") von Jerry Gillies.

Regelmäßig erhalte ich Briefe von Teilnehmern meiner MindStore-Kurse, die die dort gelernten Methoden in die Praxis umgesetzt haben. So schrieb mir kürzlich Tessa, leitende Direktorin einer Werbeagentur:

Anfang des Jahres hatte ich an Ihrem MindStore-Seminar in Glasgow teilgenommen und entdeckt, daß es mich in meinem Beruf ungemein inspirierte und motivierte. Im Juli erfuhr ich dann, daß ich Krebs hatte und eine Niere entfernt werden mußte.

Unterstützt von den Tonbändern wandte ich die MindStore-Methoden an und überwand die Herausforderung meiner Krankheit. Sieben Tage nach der Operation kehrte ich – zunächst nur halbtags – an meinen Arbeitsplatz zurück und war schon wenige Wochen später wieder voll einsatzfähig.

Mein Arzt staunte nur, wie schnell ich mich erholte und die mir vorhergesagten Nebenwirkungen und anderen Unannehmlichkeiten der Therapie überwand. Immer, wenn er mit mir über mögliche Nebenwirkungen sprach, „löschte ich das Programm".

Jetzt, drei Monate später, ist meine Gesundheit wieder völlig hergestellt, und ich kann meine positive Energie wieder auf die anderen Bereiche meines Lebens konzentrieren.

Tessa wird sich bestimmt freuen, ihre Geschichte mit anderen zu teilen, denn viele, die sie lesen, werden dadurch den Mut finden, die Methoden selbst anzuwenden.

Glauben Sie mir, *„es funktioniert einfach!"* – beobachten Sie Ihr Denken und entwickeln Sie Selbstgespräche, die Ihre Ziele unterstützen.

Affirmationen

- Ich fühle mich Tag für Tag in jeder Hinsicht immer besser.
- Meiner Gesundheit geht es jetzt bestens.
- Ich führe jetzt ein glückliches und gesundes Leben im Wohlstand.
- Mir geht es jetzt gesundheitlich hervorragend, und ich besitze unendlich viel Energie.
- Völlige Gesundheit, finanzielle Sicherheit und bedingungslose Liebe gehören jetzt zu mir.
- Ich bin jetzt gesund, reich und klug.
- Das Essen auf meinem Teller ist nahrhaft und wohlschmeckend.
- Meine Geldangelegenheiten sind jetzt völlig in Ordnung.
- Ich besitze jetzt all die Zeit, die ich für mein Leben brauche.
- Ich bin jetzt immer zur richtigen Zeit am richtigen Ort, um die richtigen Menschen zu treffen.
- Jede Zelle meines Körpers biegt sich jetzt vor Lachen.
- Ich genieße und schätze jeden, den ich treffe. Ich mag alle Menschen, und sie mögen mich.
- Ich bin der absolute Gewinner und habe mit allem, was ich jetzt unternehme, hundertprozentig Erfolg.
- Ich löse mich jetzt von der Last, anderen die Schuld zu geben, und übernehme die volle Verantwortung für mein Leben.
- Alles, was geschieht, hat seinen Grund und nützt mir jetzt.
- Ich bin jetzt geistig, seelisch und körperlich völlig im Gleichgewicht.
- Ich lebe im Überfluß jetzt und in der Zukunft.
- Ich weiß, daß all meine Bedürfnisse immer vollständig befriedigt werden.
- Ich bin jetzt ein reicher Mensch mit Möglichkeiten im Überfluß.
- Ich gebe und bekomme jetzt unbeschränkt.

Die Glasglocke

Eine weitere Methode zur Stärkung Ihrer positiven Haltung und zur Aufrechterhaltung Ihrer Energien stammt aus der Welt des Sports. Als ich begann, mit führenden Sportlern zu arbeiten, versuchte ich, so viel wie möglich über die Techniken zu erfahren, mit deren Hilfe sie die positive geistige Haltung herstellten, die ihnen so wichtig erscheint.

In Seve Ballesteros Buch *Natural Golf* („Natürliches Golfspiel") las ich, wie er sich vorstellte, er befinde sich in einer Seifenblase. Er verwandte dieses Bild dazu, seine Energie auf den Sieg zu konzentrieren und die richtige Einstellung zu entwickeln. Er hob vor allem hervor, wie er während seiner Siegessträhne bei den offenen Meisterschaften von Royal Lytham St. Annes 1979 seine Konzentration mit Hilfe dieses Bildes schärfte: „Es war wie eine Glasscheibe." Das heißt, er war so sehr von seinen Gedanken umschlossen, daß nichts Negatives mehr hindurchdringen konnte.

Sie werden verstehen, warum ich die Vorstellung, man befinde sich in einer Glasglocke, einer Seifenblase oder gar in einem Marmeladenglas, so leidenschaftlich vertrete, wenn Sie einen anderen Spanier, Angel Escudero, und seine Erklärung der Einfachheit des menschlichen Gehirns betrachten. Sobald ich spüre, daß die Menschen um mich herum negativ eingestellt sind, denke ich an die Erkennungsmelodie einer beliebten Fernsehserie, und sofort senkt sich eine unsichtbare Glasglocke über mich, um mich zu schützen. Ich sage mir, die Glaswand werde alles Negative abwehren, das Positive jedoch hindurchlassen. Dies bedeutet, daß ich mich weiterhin mit den Menschen in meiner Umgebung unterhalten kann, ohne jedoch von ihrer Negativität beeinflußt zu werden. Ich bleibe stark und positiv, und es fördert mein Selbstvertrauen. Also auch hier wieder: „*Es funktioniert einfach.*" Warum probieren Sie es nicht selbst einmal aus?

All diese kleinen Methoden werden positive Veränderungen herbeiführen, wenn Sie sie konsequent jeden Tag anwenden. Neulich mußte ich auf den Verkaufskonferenzen zweier engli-

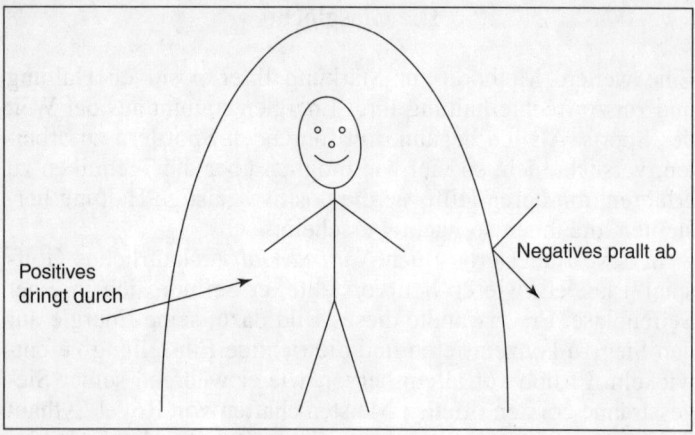

Positives
dringt durch

Negatives prallt ab

scher Firmen sprechen. Es war jeweils eine große Zusammen-
kunft mit etwa 1.500 Teilnehmern. Um mich richtig vorbereiten zu können, reiste ich in beiden Fällen schon am Vortag an
und traf andere Redner, die mit dem Mikrofon probten und ihre Dias und ihren Zeitplan überprüften. Es gab dort viele, viele
Menschen, die in Anbetracht der bevorstehenden Konferenz
natürlich nervös und aufgeregt waren.

In Situationen wie dieser bin ich fähig, einen kühlen Kopf zu
bewahren und Selbstzweifel erfolgreich abzuwehren. Ich „lösche das Programm" und sage mir: „Mein Vortrag wird hervorragend werden und genau die richtige Länge haben. Durch all
die Erfahrungen und Fähigkeiten, die ich besitze, wird es mir
gelingen, meine Zuhörer mit meiner Rede voll und ganz zu-
friedenzustellen." Auch hier wieder: *„Es funktioniert einfach."*

Ich kann nur bestätigen, daß ich es schaffe, mit Hilfe dieser
Methoden meine Energie über viele Stunden auf einem erstaunlich hohen Niveau zu halten. Das gleiche kann auch Ihnen
gelingen – positive Einstellung und Lebensenergie gehen Hand
in Hand.

Zusammenfassung

1. Reize → Glaubenssystem → Reaktion. Verstehen Sie, wie wichtig dieses einfache Modell ist. Lernen Sie es, die Qualität dessen, was hineingeht, mit Ihren Gedanken zu kontrollieren, um sicherzugehen, daß Sie Ihre Reaktion auf die Ereignisse des Lebens *wählen*, statt nur automatisch zu reagieren.
2. Bauen Sie in Ihren Tagesablauf qualitativ hochwertige Entspannungsperioden ein.
3. Verwenden Sie LÖSCHE DAS PROGRAMM und ersetzen Sie in Ihrem Vokabular die negativen Wörter durch positive Alternativen.
4. Positive Vorsätze führen zu positiven Ergebnissen!
5. Nehmen Sie sich Seve Ballesteros zum Vorbild und schützen Sie sich gegen die Negativität der anderen durch eine unsichtbare Glaskugel.

Entspannungstechniken:
Das Haus am rechten Ufer

Nachdem wir die Verbindung zwischen Lebenseinstellung und Streßbewältigung erkundet haben, wissen wir nun, wie wichtig Entspannung ist: Wir brauchen qualitativ hochwertige Entspannungsperioden. Entspannung muß meiner Meinung nach ein Teil unseres Lebensstils werden. Zur Auflösung von angestautem Streß und zum Wiederaufladen verbrauchter Energie ist es unerläßlich, daß Ihr Tagesablauf feste Zeiten enthält, in denen Sie sich fünf, zehn oder 15 Minuten lang tief entspannen können.

Entspannung ist der naheliegendste Weg, Streß zu bewältigen, und wenn Sie einmal gelernt haben, sich zu entspannen, wird es Ihnen nicht nur leichtfallen, Sie werden auch außergewöhnlich großen Nutzen daraus ziehen.

Ich habe Tony Buzan und seine Videopräsentation im Institute of Directors 1991 erwähnt. Tony vertrat die Meinung, um kreative Höchstleistungen zu vollbringen, müßten wir lernen, beide Hirnhälften zu verwenden, so, als würden wir auf dem Corpus collosum, dem die beiden Hemisphären verbindenden Balken, stehen, um von hier aus nach Belieben beide Seiten der Großhirnrinde zu erreichen.

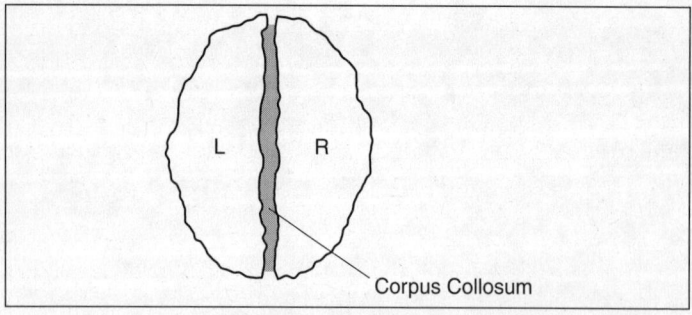

Corpus Collosum

Wir wissen, daß es nur einen Weg gibt, rechtshemisphärisches – also phantasievolles, intuitives, kreatives – Denken anzuregen: den der Entspannung.

Überlegen Sie einmal: Ist Ihnen jemals aufgefallen, daß Sie dazu neigen, gerade dann gute Ideen zu entwickeln, wenn Ihr Arbeitsplatz weit weg ist, wenn Sie im Urlaub sind, den Hund ausführen, ein Bad nehmen, im Bett liegen oder am Kamin sitzen?

Es gibt eine wunderschöne Geschichte über Thomas Edison, der einmal bemerkte, die besten Ideen kämen ihm, wenn er im Bett liege, vor allem mitten in der Nacht – weit weg von seinem Schreibtisch, wenn er entspannt sei oder sogar müde und schläfrig. Er sei ihm klargeworden, meinte er, daß er viel mehr Probleme lösen und dadurch natürlich viel erfolgreicher sein könne, wenn es ihm gelinge, bei seiner Arbeit diesen besonderen geistigen Zustand wieder herzustellen.

Als er eines Abends mit einem Freund daheim am Kamin saß, merkte er nach einer Weile, daß er ruhig und entspannt, wenn nicht gar schläfrig wurde. Ihm wurde auf einmal klar, daß er sich ganz ähnlich fühlte, wenn ihm neue Ideen und Geistesblitze kamen. Er glaubte, er könne es lernen, diesen kreativen Zustand bewußt herzustellen, indem er sich so lange an den Kamin setze, bis er müde werde, um in dem Übergangszustand zwischen Bewußtsein und Schlaf Lösungen für seine Fragen zu finden.

Offenbar versuchte Edison dies wirklich, doch stellte er bald fest, daß er einschlief, bevor er sich mit einer bestimmten Frage überhaupt beschäftigen konnte. Er hielt sich darum mit einer großen Stahlkugel wach, die er mit leicht ausgestrecktem Arm in der Hand hielt. Wenn er einschlief, fiel die Kugel zu Boden und weckte ihn wieder auf. Nach einigen Wochen hatte er sein Gehirn daraufhin trainiert, an der Grenzlinie zwischen Schlaf und Wachsein zu bleiben. In dieser besonderen Geistesverfassung konnte er nun ganz konzentriert denken und wesentlich kreativer sein als zuvor.

Edison wußte nicht, daß er durch diese Entspannung seine rechtshemisphärischen Fähigkeiten aktivierte. Als er gelernt

hatte, diesen Geisteszustand willkürlich herzustellen, konnte er
seine neuentdeckten Fähigkeiten nutzen, wann immer er sie
brauchte.

Sie werden schon bemerkt haben, daß Sie nachts in Ihren
Träumen wesentlich kreativer sind als in Ihren Gedanken bei
Tag. Der Unterschied erklärt sich so: Während des Tages do-
miniert die linke Hirnhemisphäre, in der Nacht die rechte.

Wenn Sie lernen, sich zu entspannen und die rechte Hirnhälfte nach Belieben einzusetzen, werden Sie Ihre Denkfähigkeit wesentlich besser nutzen können. Ich habe auch entdeckt,
daß sich die gleiche Geistesverfassung dazu verwenden läßt, in
allen Lebensbereichen bessere Leistungen zu erzielen und sich
persönlich weiterzuentwickeln. Sie werden lernen, je mehr Sie
in diesem Buch lesen, wie Sie diesen Zustand in vielerlei Hinsicht nutzen können.

Sind Sie erst einmal fähig, sich zu entspannen, dann kann der
Streß Ihnen nichts mehr anhaben, was auch Ihrer rechten Hirnhemisphäre zugute kommen wird. Wenn Sie die MindStore-
Entspannungstechniken erlernen und anwenden, wird es Ihnen
gewiß gelingen, die Qualität Ihrer Leistungen überall und je-
derzeit innerhalb von Sekunden wiederaufzuladen. Machen Sie
die MindStore-Entspannung zum Teil Ihres Lebensstils, und es
wird Ihnen in Ihrem täglichen Leben von großem Nutzen sein.

Die erste Phase der MindStore-Techniken

Alle MindStore-Methoden setzen einen entspannten Zustand
voraus. Wie Sie bei den späteren Übungen entdecken werden,
werden Ihnen diese leicht zu verwirklichenden Techniken helfen, jene rechtshemisphärischen Aktivitäten zu entwickeln, die
in Ihrem Alltag zu Ergebnissen führen werden.

Lesen Sie die Anweisungen der folgenden Entspannungsübung durch und suchen Sie sich dann einen bequemen Platz,
am besten in einem ruhigen Zimmer, wo Sie die Übung selbst
durchführen können. Vielleicht hilft es Ihnen, wenn Sie laut lesen, den Text auf Tonband aufnehmen, um ihn dann abspielen

zu können, oder ihn von einem Freund vorlesen lassen. Die Punkte (…) zeigen an, wo Sie beim Lesen eine Pause machen sollten.

Sie können sich für diese Übung hinlegen oder auf einen Stuhl setzen. Ich halte es allerdings für besser, daß Sie am Anfang, wenn Sie die Übung erlernen, sitzen, da ich glaube, wenn Sie es schaffen, sich im Sitzen zu entspannen, können Sie es überall tun – im Flugzeug, im Bus, im Zug, in der Umkleidekabine oder am Schreibtisch. Ich selbst führe diese Übung aus, wo immer ich will – und das sogar, wenn ich während der Stoßzeiten in der überfüllten Londoner U-Bahn stehe.

Versuchen Sie, den Rücken beim Sitzen gerade zu halten, stellen Sie beide Füße fest auf den Boden und legen Sie die Hände mit den Handflächen nach unten in den Schoß. Achten Sie darauf, daß Sie nichts auf dem Schoß oder in den Händen halten. Vielleicht fühlen Sie sich als Brillenträger auch besser, wenn Sie die Brille ablegen (und es macht einen großen Unterschied, wenn Sie bei der ersten Übung die Kontaktlinsen herausnehmen).

Übung 1 – Eine einfache Entspannung

Schließen Sie die Augen und atmen Sie ruhig und gleichmäßig. Wir beginnen nun damit, uns körperlich und geistig so weit zu entspannen, daß wir ein gesundes Wohlbefinden herstellen. Konzentrieren Sie sich auf den von mir genannten Körperteil und stellen Sie sich geistig auf Entspannung ein.

(Konzentrieren Sie sich auf Ihre Kopfhaut … Sprechen Sie mir im Geiste nach:)

Ich spüre meine Kopfhaut … ich bin mir meiner Kopfhaut bewußt … meine Kopfhaut entspannt sich … ich spüre, wie sich meine Kopfhaut entspannt … meine Kopfhaut ist völlig entspannt … Ich spüre, wie sich meine Stirn entspannt … meine Stirn ist völlig entspannt … Nun beginnen meine Augenlider, sich zu entspannen … ich spüre, wie sie erschlaffen, beinahe schwer werden … meine Augenlider sind ent-

spannt … Die Entspannung breitet sich nun um meine Augen
herum aus, und auch die Muskeln meines Gesichts entspannen sich … ich spüre, wie mein Gesicht sich entspannt –
es ist nun völlig entspannt … Mein Mund entspannt sich …
ich spüre, wie mein Mund sich entspannt … meine Zunge …
Nun beginnt auch mein Nacken, sich zu entspannen … ich
spüre, wie mein Nacken sich entspannt … Mein Kopf ist nun
völlig entspannt, und mein Hals spürt, wie angenehm es ist,
wenn die Entspannung die Schultern hinabfließt …
Meine Schultern sind dabei, sich voll und ganz zu entspannen … dieses warme Gefühl dringt tiefer und tiefer, meine
Schultern sind nun völlig entspannt … Diese tiefe Entspannung fließt in meine Arme … meine Arme erschlaffen, wenn
sich die Muskeln meines Oberarms entspannen … alle Muskeln meines Arms erschlaffen und entspannen sich völlig,
bis hinein in meine Fingerspitzen …
Mein Brustkorb und mein oberer Rücken entspannen sich
nun … das warme Glühen der tiefen Entspannung erfaßt
meinen ganzen Brustkorb … mein Brustkorb ist völlig entspannt … Diese gesunde Entspannungswärme fließt weiter
hinab in meinen Bauch und meinen unteren Rücken …
Meine Bauchmuskeln sind nun völlig entspannt, völlig entspannt … Die Wärme fließt weiter hinab und entspannt
meine Beckengegend, während ich mich mehr und mehr
entspanne …
Die Entspannung fließt nun in meine Schenkel … die kräfti-
gen Muskeln meiner Schenkel sind nun völlig entspannt …
bis in die Knochen … Ich bin völlig entspannt, wie mein
ganzer Oberkörper … sie fließt weiter in meine Knie … meine Knie sind nun völlig entspannt … Die Entspannung
breitet sich nun in meine Waden aus, die immer entspannter
werden, völlig entspannt, und weiter, hinab in meine
Knöchel … Sie sind nun entspannt, so entspannt … und nun
in meine Füße … meine Zehen … meine Fußsohlen und
Fersen … vollständig entspannt, vollständig entspannt …
ich genieße nun die wunderbaren Wirkungen völliger Entspannung …

Ich zähle nun von eins bis sieben, um nach und nach wieder aus diesem gesunden Zustand tiefster Entspannung herauszukommen ... eins ... zwei ... drei ... vier ... nun ist die Hälfte überschritten. Wenn ich meine Augen öffne, werde ich körperlich und geistig hellwach und voll neuer Energie sein ... fünf, ich beginne nun, meinen Körper auf das Ende der Entspannung einzustellen ... sechs, ich bereite mich darauf vor, meine Augen zu öffnen ... und sieben, ich öffne meine Augen und bin nun körperlich und geistig hellwach.

Wenn Sie die Anweisungen zum ersten Mal durchlesen, mag die Übung Ihnen recht lang vorkommen. Sie werden jedoch überrascht sein, wie Sie mit der Zeit umgehen, wenn Sie die Übung erst gelernt haben. Schon nach wenigen Sitzungen werden Sie fähig sein, auf den obenstehenden Text zu verzichten und die gleiche Entspannung sehr schnell von selbst herzustellen.

Ich setze diese Übung und die folgenden Techniken dazu ein, meinen Geist, innerhalb weniger Sekunden oder, wenn ich die Zeit dafür habe, zehn bis 15 Minuten lang, voll und ganz zu konzentrieren. Ich führe diese Entspannungsübung dreimal täglich durch, und ich fühle mich wunderbar damit.

Phase 2: Die Einbeziehung der Phantasie

Denken wir daran, daß Entspannung dabei hilft, körperlichen Streß abzubauen, und durch Aktivierung rechtshemisphärischer Hirntätigkeit die Denkfähigkeit erweitert.

Die erste Übung hilft Ihnen dabei, sich körperlich zu entspannen. Sie werden jedoch bemerkt haben, daß Ihr Geist nicht ruht, daß er weiter denkt und Sie dabei sogar in Ihrer Konzentration auf die einzelnen Körperteile stört. Dies ist ganz normal, wir alle sind mit dieser Herausforderung konfrontiert. Am besten ist es, wenn wir versuchen, den Geist zu kontrollieren.

Wir haben jedoch schon gesehen, daß Körper und Geist sich gar nicht klar trennen lassen, und daß jeder Gedanke (nach dem Schema Reize $\rightarrow$ Glaubenssystem $\rightarrow$ Reaktion) verarbeitet werden muß. Es ist darum wichtig, nicht nur den Körper, sondern auch den Geist zu entspannen. Bei vielen Formen der Meditation wird der Geist völlig entspannt, indem man ihn auf einen Gedanken konzentriert, wie das Flackern einer Kerze oder eine beständig wiederholte Mantra-Silbe. Man kann seinen Geist auch auf entspannende Bilder konzentrieren, wie etwa einen Strand oder einen sonnigen Hang. Wenn man an ein solches beruhigendes Bild denkt und sich ganz darauf konzentriert, wie es aussieht, riecht, schmeckt und sich anfühlt, glaubt das Gehirn, man sei wirklich dort, und entspannt sich dann noch mehr.

Mit der MindStore-Technik möchte ich Ihnen zeigen, wie Sie sich sowohl körperlich als auch geistig entspannen können. Dies wird Streß abbauen, rechtshemisphärische Hirntätigkeit auslösen und so Ihr Denken erweitern, so daß Sie sich schließlich ganz darauf konzentrieren können, Ihre Probleme dynamisch zu lösen, Ihre Leistungen zu verbessern und die von Ihnen gewünschten Veränderungen in Ihrem Leben herzustellen.

Ich gehe davon aus, daß wir zum Beispiel in einem Zustand tiefer Entspannung auf die rechte Gehirnhälfte zugreifen können, obwohl die linke Hirnhälfte weiterhin dominiert. Mein Gedanke war es, eine Technik zu entwickeln, die die rechte Hemisphäre direkt stärkt, ohne auf das logische Denken der linken zu verzichten.

Die Phantasie ist eine der wunderbarsten Fähigkeiten der rechten Gehirnhälfte. Einstein bemerkte einmal, die Phantasie sei wichtiger als jedes Wissen. Er hatte erkannt, daß es in keinem Lebensbereich zu Wachstum und neuen Entwicklungen kommen wird, wenn wir uns nur auf die Kenntnisse verlassen, die wir heute besitzen. Denken Sie darüber nach: Es gibt nichts in Ihrer Nähe, das nicht zuerst ein Gedanke in irgendeinem Gehirn war. Sehen Sie sich um! Ich sitze gerade an einem großen Tisch in meinem Arbeitszimmer: Das Holz ist so gemustert und gebeizt, wie es sich jemand ausgedacht hat. Neben mir steht diese moderne Notwendigkeit, das Faxgerät – können Sie sich vorstellen, wie viele Möglichkeiten man durchdenken mußte, bis man diese Maschine erfunden hatte? Das gleiche gilt für den Drehbleistift, mit dem ich dies hier schreibe.

Nichts existiert ohne jenen Funken Phantasie in der rechten Hirnhemisphäre, den die linke aufnimmt, um zu überlegen, wie er in die Wirklichkeit umzusetzen ist.

Es ging mir also darum, die Phantasie richtig einzusetzen. Wenn wir es mit ihrer Hilfe schaffen, unsere rechtshemisphärischen Fähigkeiten zu erschließen, dann haben wir Großartiges erreicht. So durchlief ich viele Phasen, bis ich schließlich das Programm erarbeitet hatte, das ich nun in meinen MindStore-Seminaren unterrichte.

Wenn wir erst einmal körperlich entspannt sind, dann befinden wir uns in einem Zustand, den ich „körperliche Entspannung" nenne und von dem aus wir Zugang zur rechten Seite unseres Gehirns haben – oder, wenn Ihnen das lieber ist, auf dem wir unsere rechte Hirnhälfte errichten können. Ich habe auch entdeckt, daß es diesen Prozeß unterstützt und die kreativen Fähigkeiten auf das Folgende vorbereitet, wenn man sich einige Sekunden lang vorstellt, man entspanne sich an irgendeinem Ort. Je mehr ich dieses Ritual oder Verhaltensmuster ausübte, desto mehr schien ich auf einer tieferen Ebene zu verstehen, was ich in meinem Gehirn erreichen wollte. Es schien Erwartungen nach verbesserten Leistungen und Erfolgen zu nähren.

Sind Sie einmal körperlich und geistig entspannt, dann haben Sie einen Zustand erreicht, den ich „körperliche und geistige Entspannung", oder kurz „Fundament", nenne. Sie können sich dann zum Beispiel vorstellen, Sie stünden auf dem Corpus collosum, dem Balken zwischen den beiden Hirnhemisphären, und könnten nun nach Belieben die linke wie die rechte Gehirnhälfte erreichen.

Um die rechte Hemisphäre zu entwickeln und einen Zugang zu ihr herzustellen, beschloß ich, die Phantasie voll und ganz einzubeziehen, auf kontrollierte Art und Weise. Haben wir einmal das Fundament erreicht, dann stellen wir uns ein Flußufer vor; tun Sie also so, als stünden Sie am Ufer eines Flusses. Das Wasser ist hinter Ihnen, und Sie blicken auf eine Landschaft, die Sie erschaffen oder sich ausmalen – erinnern Sie sich an eine schöne Landschaft, die Sie einmal bereist haben, oder malen Sie sich einfach in Ihrer Phantasie eine solche Landschaft aus.

Diese Landschaft nennen wir nun das rechte Flußufer. Denken Sie daran, daß die Landschaft vor Ihnen liegt, also nicht rechts von Ihnen, und der Fluß in Ihrem Rücken. Wir sprechen vom rechten Ufer, um eine Verbindung zur rechten Hirnhälfte herzustellen, und da wir die Fähigkeit der Phantasie nutzen werden, scheint dies der richtige Weg zu sein, die rechte Hemisphäre zu erschließen.

Es wird Ihnen helfen, sich vorzustellen, Sie stünden auf einer üppigen grünen Wiese und spürten den Boden unter Ihren Füßen. Der Himmel über Ihnen ist blau, und die Luft ist warm und frisch und riecht nach Gras. Versuchen Sie, die Landschaft, die sich vor Ihnen erstreckt, mit all Ihren Sinnen wahrzunehmen. Ich möchte Ihre Phantasie nicht einschränken, doch Sie können freundliche Tiere darin haben, wunderschöne Blumen, Bäume, Hügel und sogar schneebedeckte Berge im Hintergrund – ganz, wie es Ihnen gefällt.

Vielleicht sind Sie mit Ihren ersten Versuchen nicht zufrieden, weil Sie das Gefühl haben, Sie könnten eigentlich noch kreativer sein, doch je öfter Sie sich diese Landschaft vorstellen, desto besser wird es Ihnen gelingen. Mit zunehmender Übung können Sie die Landschaft sogar verändern, obwohl ich glaube, daß Sie sich schließlich für die Landschaft entscheiden werden, die Ihren Absichten am meisten entspricht.

Laufen Sie nun in diese Landschaft hinein. Konzentrieren Sie Ihre gesamte Phantasie darauf, dem Land um Sie herum Gestalt zu verleihen. Wenn Sie nun weiter in diese Szenerie hineingehen, werden Sie einen bestimmten Ort finden wollen, den idealen Platz, auf dem Sie in Ihrer Phantasie ein Haus errichten können, ein ganz besonderes Haus, ein großes Haus, ein Haus Ihrer Wahl. Nennen wir es „das Haus am rechten Ufer".

Dieses phantasierte Haus wird Ihnen die Struktur zur Entwicklung all der wunderbaren Werkzeuge liefern, mit denen sich so viele Bereiche Ihres Lebens beeinflussen lassen. Ich habe Tausenden von Menschen im ganzen Land diese Technik beigebracht, und die Vielfalt der dabei entstandenen Häuser wäre der Stolz jedes Architekten.

Das Haus gehört ganz Ihnen, es ist voll und ganz Ihr Werk. Die einzige Einschränkung, die ich Ihnen auferlege, ist die rote Farbe des Dachs. Wenn es Ihnen hilft, dann kaufen Sie sich ein Exemplar von Zeitschriften wie *Schöner Wohnen*, in denen Sie viele wunderbare Beispiele für Häuser am rechten Ufer finden werden. Vielleicht verwenden Sie aber auch lieber ein Haus, das Sie im Urlaub oder auf Reisen irgendwo gesehen haben. Sie können auch mehrere Gebäude zu phantastischen Kombinationen zusammenfügen oder selbst eine futuristische Science-fiction-Struktur erfinden. Es liegt wirklich ganz allein an Ihnen.

Das Haus enthält eine Reihe von Räumen, mit deren Hilfe Sie lernen werden, Ihr Denken zu fokussieren und die Macht Ihres Geistes zu entwickeln. Es gibt ein Zimmer, das Sie dazu verwenden werden, Ihren Streß zu bewältigen und umgehend neue Energie zu gewinnen. Mit Hilfe dieses Raums können Sie auch die körperlichen Erscheinungsformen von Streß beseitigen, wie etwa Kopfschmerzen. In einem anderen Zimmer werden Sie lernen, besser zu schlafen, Ihre Kreativität zu entwickeln und Probleme zu lösen. In einem weiteren Raum erfahren Sie, wie man sich Ziele setzt und Sie sich von selbstlimitierenden Meinungen befreien. Wenn sich Ihre Phantasie auf diesem Weg erst einmal geöffnet hat und Ihre Ideen fließen, werden Sie schließlich Ihre eigenen Zimmer einrichten.

Dies mag alles ein wenig abenteuerlich klingen, denn schließlich neigen die meisten Menschen nicht unbedingt dazu, kreativ zu sein. Vielen fällt es sogar eher schwer, ihre Phantasie einzusetzen. Vielleicht erinnern Sie sich aber an Ihre Kindheit und die phantastische Einbildungskraft, die Sie damals besaßen.

Sie können sich jedenfalls darauf verlassen, daß es Ihnen mit etwas Übung immer besser gelingen wird, sich Ihr Haus vorzustellen. *„Es funktioniert einfach."*

Können Sie sich übrigens vorstellen, wieviel Spaß Kinder daran haben? Kinder reagieren auf meine MindStore-Discovery-Kurse ganz wunderbar. Die Häuser, die sie sich ausdenken, sind wirklich großartig. Kinder fühlen sich bei diesen Methoden so wohl wie Enten im Wasser, und es ist eine wahre Freude zu sehen, wie positiv sich Kinder dadurch entwickeln.

Okay – wenn Sie bereit dazu sind, dann lesen Sie die folgende zweite Übung durch und errichten Sie die Außenmauern Ihres Hauses am rechten Ufer. In späteren Übungen werden wir hineingehen und die einzelnen Zimmer einrichten. Auch hier wird es Ihnen helfen, den Übungstext auf Band aufzunehmen und später abzuspielen, oder ihn von einem Freund vorlesen zu lassen. Sie können aber auch, wenn Ihnen das lieber ist, einfach versuchen, sich so viel wie möglich zu merken. Was Sie auch tun, es wird bestimmt das Richtige sein.

Übung 2 – Das Haus am rechten Ufer

Setzen Sie sich wieder bequem in einen Stuhl, schließen Sie die Augen und atmen Sie ruhig und gleichmäßig. Wir beginnen nun, unseren Geist zu konzentrieren und unseren Körper zu entspannen, bis wir ein gesundes Wohlbefinden hergestellt haben.

Wenn ich die einzelnen Körperteile nenne, dann konzentrieren Sie wieder Ihre Gedanken darauf und versuchen Sie, sich dort zu entspannen.

Atmen Sie tief ein und entspannen Sie sich … atmen Sie ein weiteres Mal tief ein und entspannen Sie sich … atmen Sie noch einmal tief ein und enstpannen Sie sich … Meine Kopfhaut ist entspannt … Ich fühle, wie meine Kopfhaut sich entspannt … Meine Stirn ist entspannt, ich spüre, wie meine Stirn sich entspannt … Meine Augenlider sind entspannt, ich spüre, wie meine Augenlider sich entspannen … Mein Gesicht ist entspannt, ich spüre ein völlig entspanntes Gesicht … Meine Zunge ist entspannt, ich spüre eine völlig entspannte Zunge … Mein Kiefer ist entspannt, ich spüre, wie mein Kiefer sich entspannt … Mein Hals ist entspannt, ich spüre, wie mein Hals sich entspannt …

Meine Schultern sind entspannt, ich spüre, wie meine Schultern sich entspannen … Meine Arme und Hände sind entspannt, ich spüre, wie meine Arme und Hände sich entspannen … Mein oberer Rücken ist entspannt, ich spüre, wie mein oberer Rücken sich entspannt … Mein Brustkorb ist entspannt, ich spüre, wie mein Brustkorb sich entspannt … Mein unterer Rücken ist entspannt, ich spüre, wie mein unterer Rücken sich entspannt …

Mein Bauch ist entspannt, ich spüre, wie mein Bauch sich entspannt … Meine Hüften sind entspannt, ich spüre, wie meine Hüften sich entspannen … Meine Schenkel sind entspannt, ich spüre, wie meine Schenkel sich entspannen … Meine Knie sind entspannt, ich spüre, wie meine Knie sich entspannen … Meine Waden sind entspannt, ich spüre, wie meine Waden sich entspannen … Meine Knöchel sind entspannt, ich spüre, wie meine Knöchel sich entspannen … Meine Zehen sind entspannt, ich spüre, wie meine Zehen sich entspannen … Meine Fußsohlen sind entspannt, ich spüre, wie meine Fußsohlen sich entspannen … Meine Fersen sind entspannt, ich spüre, wie meine Fersen sich entspannen …

Atmen Sie tief ein und entspannen Sie sich … Ich stelle mir nun vor, ich sei an einem ganz besonderen Ort der Entspannung … ich glaube fest daran, daß ich dort bin … ich kann die Landschaft um mich herum sehen … ich rieche die frische Luft und höre wunderbare Klänge … ich gönne mir einen kurzen Moment, um dies alles voll und ganz zu genießen (etwa 20 bis 30 Sekunden).

Ich atme noch einmal tief ein und entspanne mich … ich stelle mir nun vor, ich stünde am Ufer eines Flusses … der Fluß ist hinter mir, und vor mir erstreckt sich eine wunderschöne Landschaft …

Ich spüre das frische grüne Gras unter meinen Füßen … der Himmel über mir ist blau, und die Luft riecht nach frisch gemähtem Gras … ich höre die Klänge der wunderschönen Landschaft vor meinen Augen …

Ich fahre fort, die Landschaft zu gestalten, indem ich in sie hineinlaufe und den idealen Platz für mein Haus finde …

Ich beginne nun mit meiner wunderschönen Reise und gebe mir etwas Zeit, die Landschaft um mich herum zu gestalten (etwa eine Minute).

Ich konzentriere mich nun auf den Ort, an dem ich mein
Haus am rechten Ufer erbauen werde … Ich errichte zuerst
die Mauern und lege ihre Höhe und ihr Aussehen fest …
Jetzt die Fenster … das Dach ist rot … Der Eingang ist
schön und einladend … Ich habe nun die Außenmauern
meines Hauses am rechten Ufer errichtet … ich werde es
dazu benutzen, das zu erreichen, was ich mir im Leben
wünsche …
Ich verlasse nun das Haus und kehre zum Flußufer zurück …
ich spüre das frische grüne Gras unter meinen Füßen. Ich
werde jetzt gleich von eins bis sieben zählen, um ganz allmählich aus diesem gesunden Zustand tiefer Entspannung
herauszukommen …
Eins … zwei … drei … vier … nun ist die Hälfte überschritten. Wenn ich meine Augen öffne, werde ich körperlich
und geistig hellwach und voll neuer Energie sein … fünf, ich
beginne nun, meinen Körper auf das Ende der Entspannung
einzustellen … sechs, ich bereite mich darauf vor, meine Augen zu öffnen … und sieben, ich öffne meine Augen und bin
nun körperlich und geistig hellwach.

Ich bin sicher, Sie haben es auch dieses Mal genossen; bitte
denken Sie daran, daß es Ihnen mit zunehmender Übung von
Tag zu Tag leichter fallen wird. Die Verwendung von Affirmationen, von positiven Aussagen in der Gegenwartsform, mit deren Hilfe Sie Ihr Unterbewußtsein auf Erfolg programmieren,
habe ich schon erwähnt. Sie werden entdecken, daß diese Vorsätze immer stärker werden, wenn Sie sie immer dann, wenn
Sie Ihr „Fundament" errichten wollen, wiederholen. Der Zustand der Entspannung ist der ideale Zeitpunkt zur Wiederholung dieser Affirmationen. Sie können sie verwenden, wie Sie
möchten, beim Betreten oder beim Verlassen des Hauses oder
bei beidem. Wie Sie es auch tun, es empfiehlt sich, ein festes
Schema aufzustellen und sich daran zu halten.
   Denken Sie daran, daß diese Entspannungsübung zum Teil
Ihres Lebens wird, der die gewünschten Veränderungen herstellen wird. Ich empfehle Ihnen sehr, diese Übung dreimal täg-

lich durchzuführen – einmal am Morgen, ein weiteres Mal am Nachmittag und ein drittes Mal am Abend. Üben Sie lieber dreimal fünf Minuten als einmal 15. Je öfter Sie dies tun, desto bessere Ergebnisse werden Sie erzielen, es liegt ganz an Ihnen. In den nächsten Kapiteln werden Sie lernen, diese tiefe Entspannung mit weiteren Techniken zu kombinieren. Ich kann Ihnen diese Übungen gar nicht oft genug empfehlen, und Sie wissen ja: „*Es funktioniert einfach.*"

Zusammenfassung

1. Üben Sie zur Streßbewältigung die tiefe Entspannung zusammen mit den weiteren Übungen in diesem Buch.
2. Besuchen Sie Ihr Haus am rechten Ufer und gewähren Sie sich qualitativ hochwertige Entspannungsperioden. Üben Sie mindestens einmal täglich. Den größten Nutzen werden Sie aus dieser Übung jedoch ziehen, wenn Sie sie dreimal täglich durchführen. Drei Sitzungen zu je fünf Minuten sind besser als eine zu 15 Minuten.

Die Eingangshalle, das Konditionierungs-studio und der zentrale Korridor

6

Reaktionen auf die Entspannungstechnik

In meinen MindStore-Seminaren lege ich meist die Entspannungsübung mit der ersten Übung zum Haus am rechten Ufer (siehe Kapitel 5) zu einer einzigen Übung zusammen, die ich „Fundamentübung" nenne. Sie dauert etwa 40 Minuten, nach deren Ablauf die meisten derjenigen, die sie zum ersten Mal durchführen, gar nicht glauben können, daß 40 Minuten vergangen sind. Viele denken, es seien nur zehn oder 15 Minuten gewesen. In diesem Zustand tiefer Entspannung ist die Zeit nicht mehr das, was sie normalerweise für uns ist.

Sie kennen es bestimmt auch, daß Sie zu Bett gehen und in dem Moment, wo Ihr Kopf das Kissen berührt, auch schon eingeschlafen sind und dann sieben, acht oder neun Stunden später erwachen und gar nicht glauben können, daß Sie so lange geschlafen haben, weil Sie das Gefühl haben, es seien nur wenige Minuten gewesen. Ebenso falle ich beim Joggen oft in einen wunderbaren traumähnlichen Zustand, wo meine Wahrnehmung der Zeit so verzerrt ist, daß ich gar nicht merke, wie sie vergeht.

Große Sportler berichten oft von ähnlichen Erfahrungen, wie Timothy Gallwey in seinem hervorragenden Buch *Tennis und Psyche: das innere Spiel* zeigt. Er nennt dies den „weißen Moment". Ich erinnere mich, wie mir die große britische Sportlerin Yvonne Murray auf einem Seminar für die schottische Rugbymannschaft im Jahr 1992 erzählte, ihr sei etwas Ähnliches geschehen, als sie bei den Europameisterschaften die Goldmedaille gewonnen habe. Während des 3.000-Meter-Laufs sei sie sich bis 100 Meter vor dem Ziel ihrer Umgebung völlig bewußt gewesen – doch auf einmal habe sich alles weiß verfärbt, und sie habe nur noch ihren Atem wahrgenommen, bis sie schließlich das Band erreicht habe und alles zurückgekommen sei.

Neulich schickte mir ein Freund ein Video über die Höhepunkte in der Geschichte des Golfsports. Ken Ventura, Sieger der US Open 1964, beschrieb, wie in der vorletzten Runde des Spiels alles „glasig" zu werden schien und er heftig zu schwitzen begann. Obwohl der Arzt ihm davon abriet weiterzuspielen, ging er in die letzte Runde, doch konnte er sich später an nichts mehr erinnern. Nur den Moment, als der damals 21 Jahre alte Ray Floyd seinen Ball aus dem Loch Nr. 18 nahm und ihn Ken gab, hatte er nicht vergessen. Ray weinte, und auch Ken brach zusammen und blickte auf Rays Zählkarte – bei keinem Loch hatte Ken den Punktestand vermerkt. Die Zählkarte war leer, und Ken ist bis heute unfähig, sich daran zu erinnern, wie Ray an jenem Tag spielte.

Viele große Sportler berichteten von ähnlichen Zuständen, als plötzlich alles vollkommen schien und sie nichts mehr falsch machen konnten. Timothy Gallwey beschreibt, wie Tennisspieler den Ball in Zeitlupe über das Netz fliegen sahen. Sie befanden sich in einem Höchstleistungszustand.

Seit vielen Jahren halte ich im ganzen Land meine MindStore-Kurse ab, und immer wieder kommen Teilnehmer auf mich zu und erzählen mir, wie sie einmal einen Autounfall hatten. Sie berichten übereinstimmend, sie hätten den Unfall wie in Zeitlupe erlebt.

Vielleicht erlebt man die Zeit in diesem besonderen Bewußtseinszustand anders, und vielleicht können wir dies ja auch zu unserem Vorteil nutzen. In Kapitel 9 werde ich darauf zurückkommen und Möglichkeiten aufzeigen, wie sich dieser veränderte Bewußtseinszustand im einzelnen nutzen läßt.

Andere Teilnehmer erzählen, wie beim erstmaligen Ausführen der „Fundamentübung" die Glieder schwer oder leicht zu werden schienen und sich ein angenehmes Gefühl von Entspannung einstellte, vor allem in den Armen und Händen. Wir wissen, daß dieser Zustand gesund ist, daß der Puls sich verlangsamt und die Blutgefäße sich erweitern, so daß das Blut nun auch Körperteile erreicht, die bis dahin eher schlecht durchblutet waren. Bei meiner Arbeit mit Krankengymnasten habe ich entdeckt, daß diese am liebsten mit Patienten arbeiten, die völlig entspannt sind. Die Patienten erholten sich dadurch schneller, wurde mir berichtet, und das scheint mir nur logisch zu sein.

Einige Menschen erleben ein Kribbeln oder Jucken, wenn Blut in die bis dahin unterversorgten Körperteile gelangt. Bei den einen fließt dann der Speichel verstärkt (dazu gehöre ich), andere fallen in einen tiefen, erholsamen Schlaf. Viele spüren auch ein verändertes oder erweitertes Bewußtsein – sie werden offenbar kreativer und entdecken ganz neue Lösungen für ihre Probleme.

Wenn Sie diese Entspannungstechniken anwenden, registriert das vegetative Nervensystem die Veränderung. Das sympathische Nervensystem, das Herzschlag, Atmung, Körpertemperatur, Verdauung, Blutdruck und Muskelaktivität steuert, wird gedrosselt. Durch diese Entspannungsreaktion kommt der parasympathische Teil des Nervensystems ins Spiel und senkt Sauerstoffverbrauch, Blutdruck sowie den Milchsäure- und den Cortisonspiegel. Die inneren Organe arbeiten dadurch wesentlich leistungsfähiger.

Im Gehirn werden vermehrt stimmungshebende Botenstoffe produziert, wie der Neurotransmitter Serotonin, der ein Gefühl von Frieden und sogar Glück hervorruft.

Das Elektroenzephalogramm, kurz EEG, zeichnet die Hirnwellen auf, die verschiedenen Bewußtseinszuständen entsprechen:

Hellwach	Beta-Wellen
Tagträume	Alpha-Wellen
Leichter Schlaf	Theta-Wellen
Tiefschlaf	Delta-Wellen

Delta-Wellen treten auf, wenn wir schlafen. Theta ist ein leichter, traumloser Schlaf, Alpha ein körperlich entspannter Zustand seelischen Friedens und Beta der hellwache Bewußtseinszustand des Alltags.

Der Zustand, den man erreicht, wenn man körperlich und geistig entspannt ist, zeichnet sich durch Alpha- und Theta-Wellen aus.

Die Fundamentübung und die MindStore-Techniken werden Ihre Gesundheit beeinflussen, und damit, wie Sie sehen werden, Ihr gesamtes Leben, Ihre Beziehungen, Ihre berufliche Laufbahn – also jeden Bereich Ihres Lebens, den Sie verändern wollen.

Die Herausforderung ist jedoch die, in einem dichtgedrängten Alltagsstundenplan Raum dafür zu finden. Ich dehne meine Übung nicht immer auf 40 Minuten aus, soviel Zeit habe ich in der Regel nicht, genausowenig wie Sie. Zehn oder 15 Minuten kann man jedoch immer erübrigen, und wenn Sie sich erst einmal an diese tägliche Übungszeit gewöhnt haben, werden Sie die Ebene des Fundaments wesentlich schneller und reibungsloser erreichen. An dieser Stelle weise ich noch einmal darauf hin, daß jeder von uns qualitativ hochwertige Entspannungsperioden braucht. Gönnen Sie sich also die Zeit, die Sie zum Üben benötigen.

In der folgenden Übung Nr. 3 werden Sie sich wie zuvor wieder körperlich entspannen, und wenn Sie dann das rechte Ufer erreicht haben, werden Sie sich vorstellen, wie Sie das Haus betreten. Sie erreichen den Eingang, öffnen die Tür und gehen hinein, um sofort das einzurichten, was ich die Eingangshalle nenne. Wenn Sie dann weiter Ihre rechtshemisphärischen Fähigkeiten entwickeln, werden Sie Wände, Fußboden, Dekoration und Beleuchtung gestalten. Es ist wichtig, daß Sie dabei kreativ sind und sich einen schönen, einladenden Raum ausmalen.

Da die MindStore-Methode es Ihnen ermöglicht, viel mehr von Ihren Potentialen zu erreichen, möchten Sie vielleicht irgendwo in dieser Eingangshalle ein Symbol Ihres Potentials errichten, etwas, das eine besondere Bedeutung für Sie hat, wenn

Sie die Person werden, die Sie sein wollen. Natürlich gibt es viele Symbole für Erfolg im Sport, in der Musik und aus dem Theaterbereich, doch welches Symbol paßt zu Ihnen?

Mein eigenes Symbol stellt meine Familie dar. Es ist ein dreidimensionales Hologramm von Norma, Anthony, Christopher und mir. Wir sind gesund, glücklich und wohlhabend. Auf meinen vielen Reisen habe ich entdeckt, daß dieses Symbol immer wieder den Wunsch in mir weckt, mein Bestes zu geben. Es motiviert mich bei allem, was ich tue. Trauen Sie dem, was Ihnen in den Sinn kommt, und wenn Ihnen nichts einfällt, dann warten Sie so lange, bis Sie irgendwann an irgend etwas denken.

Da die Eingangshalle in die vielen Zimmer des Hauses mit ihren einzelnen Werkzeugen führt, ist es wichtig, daß dieser Bereich warm, schön und einladend wirkt. Sie werden entdecken, daß Sie mit zunehmender Übung immer kreativer werden. Bewerten Sie also Ihre ersten Versuche nicht zu kritisch. Sie werden im Lauf der Zeit immer besser werden.

Als nächstes richten wir das Konditionierungsstudio ein. Der Name zeigt an, daß wir uns hier auf die verbleibenden Räume unseres Hauses vorbereiten.

Die Verwendung dieses imaginären Konditionierungsstudios ist ein wesentlicher Bestandteil des MindStore-Systems, da uns dies bei unserer persönlichen Energie hilft.

Persönliche Energie

Im Verlauf eines Tages ist es nur zu einfach, sein Lebensgepäck zu vermehren. Die Ereignisse eines Tages bringen vielen Menschen nur zusätzlichen Streß und weitere Belastungen, was die persönliche Energie erschöpft und je nach der individuellen Reaktion zu negativen Gemütslagen, Stimmungsschwankungen und sogar Depressionen führt. Bei manchen reicht schon die beiläufige Kritik eines Kollegen oder Freundes, um sie die Negativitätsspirale hinabzuschicken.

Wie oft erleben Sie das? Sie hatten einen guten Tag, an dem alles lief wie gewünscht. Vielleicht haben Sie etwas unternommen mit jemandem, den Sie erst kürzlich im Beruf oder im Freundeskreis kennengelernt haben. Zu zweit oder mit anderen waren Sie voll und ganz mit dieser Tätigkeit beschäftigt und haben sich nach besten Kräften bemüht, das zu erreichen, was Sie vorhatten, und Sie waren dabei tatsächlich erfolgreich. Wenn der Tag dann zur Neige geht, erfahren Sie von einem Freund, daß Sie Ihren neuen Bekannten den ganzen Tag über mit falschem Namen angeredet haben. Sie haben sich ganz einfach vertan, und Ihr Bekannter hat das gemerkt, wollte Sie aber nicht in Verlegenheit bringen. Auf einmal jedoch sind Sie nur noch auf Negatives konzentriert, und Sie werden von Selbstzweifeln und Schuldgefühlen überwältigt. Sie halten sich für einen Dummkopf, und alle Erfolge des Tages sind zunichte.

Am Ende eines Tages fühlen sich viele Menschen nur noch ausgelaugt und erschöpft. Ihre Angehörigen oder Freunde freuen sich vielleicht auf ein wichtiges Ereignis an diesem Abend, doch Sie haben überhaupt keine Energie mehr. An anderen Abenden wiederum sprühen Sie geradezu vor Energie und können alles tun, worauf Sie Lust haben.

Ein Mangel an Energie kann unser Leben sehr negativ beeinflussen. Wir verpassen angenehme Beschäftigungen, können Möglichkeiten zum Wachstum und zur Persönlichkeitsentfaltung nicht nutzen oder haben ganz einfach keine Freude mehr am Leben.

An diesem Punkt sind die Werkzeuge des Konditionierungsstudios von unschätzbarem Wert. Zuerst werden wir ein Badezimmer mit einer Dusche anlegen, wo wir unsere Verfassung umgehend ändern können, indem wir alle Last des Tages einfach abspülen und alles Negative durch dynamische, positive Erwartungen ersetzen. Ich verwende hier die naheliegende Symbolik der Körperpflege, um die positiven Botschaften zu verstärken, die wir an uns selbst richten. Durch ständige Wiederholung wird MindStore auch hier eine gedankliche Struktur herstellen, die ganz von selbst für unser Leben immer wichtiger wird und die gewünschten Ergebnisse herbeiführt.

Bringen Sie einen Duschkopf an, aus dem in Ihrer Phantasie warmes Quellwasser herauskommt, wenn Sie die Dusche auf-

drehen. Das Wasser läuft sanft durch Ihr Haar und über jeden
Zentimeter Ihres Körpers und spült so jede geistige Erschöpfung fort und sorgt dafür, daß Sie wieder hellwach werden. Die
Dusche bringt auch helles Sonnenlicht hervor, das Sie in Gedanken in Ihr Gehirn eindringen lassen, um alles Negative, das
sich dort angestaut hat, herauszufiltern. Ich rate Ihnen sehr,
auch alle Gefühle eines Mangels aufzugeben – in sich selbst,
Ihren Begabungen und Möglichkeiten. Konzentrieren Sie sich
auf klassische menschliche Charakterzüge wie Angst, kleinka-
riertes Denken, Wut, Neid und Gier und stellen Sie sich vor,
wie all dies fortgespült wird.

Spülen Sie einfach alles Negative fort, das sich den Tag über
in Ihnen angestaut hat. Ich rate Ihnen dringend, dies am Abend
vor oder nach dem Essen zu tun. Sie werden entdecken, daß Sie
danach vor Energie wieder sprühen und den Abend voll und
ganz genießen können. Wann immer wir die übrigen Räume
des Hauses betreten, werden wir uns in Gedanken erst duschen,
und dies wird beim Hineingehen in das Haus im Rahmen der
MindStore-Übungen zum untrennbaren Bestandteil der Routine werden.

Ich empfehle Ihnen, bei Ihrem imaginären Badezimmer so
kreativ wie möglich zu sein. Machen Sie es zu einem ganz besonderen Teil des Hauses, nicht nur zu einer einfachen kleinen
Naßzelle, sondern zu einem Raum, der von seiner Anlage und
Ausstattung her wirklich einmalig ist – meine eigene Dusche
steht hoch oben auf einer Klippe! Hinter einer großen rustika-
len Holztür wartet ein Wasserfall darauf, sich in meiner Phantasie über mich zu ergießen und mich so zu erfrischen und zu
erfreuen.

Nachdem Sie die Dusche abgestellt haben, verlassen Sie das
Badezimmer, trocken und frisch, und sehen dem, was nun auf Sie
wartet, voller Optimismus und positiver Gefühle entgegen. Wir
tun dies, bevor wir die übrigen Räume betreten. Führen Sie die
folgenden Übungen bitte nicht mit einer negativen Einstellung
durch. Sie dürfen sich gerne eingestehen, daß Sie eine Herausforderung zu bewältigen haben, doch gehen Sie sie mit Zuversicht an, in der Gewißheit, daß Sie eine Lösung finden werden.

Im Konditionierungsstudio haben wir ein weiteres leistungs-
fähiges Werkzeug zur Programmierung: den Energiestrahl. Viele Teilnehmer der MindStore-Kurse staunen über die Ergebnisse, die sie mit dieser einfachen Idee erzielen. Wir werden uns
einen Energiestrahl vorstellen, der aus einer Plattform heraus-
schießt. Wir stehen auf dieser Plattform und stellen uns vor, daß
ein vibrierender Energiestrahl uns auflädt, daß er unseren Körper bis hinauf zur Kopfhaut durchströmt.

Der Energiestrahl wird Sie von allen Streßsymptomen befreien und Ihnen ein Werkzeug in die Hand geben, um Ihren
persönlichen Energiezustand umgehend zu verbessern. Tausende von Menschen nutzen diesen Strahl zur Beseitigung von
Kopfschmerzen, den ersten Anzeichen einer Erkältung oder sogar der Schläfrigkeit, die einen auf langen Reisen oder bei
nächtlichen Autofahrten oft überwältigt.

Es geht bei dieser Methode zuallererst darum, sich einzugestehen, daß man unter körperlichen Beschwerden leidet, statt
die Symptome zu verleugnen. Einfach zu sagen „ich habe kein
Kopfweh" ist bestimmt nicht die richtige Reaktion. Sagen Sie
sich statt dessen zum Beispiel: „Ich habe Kopfschmerzen, doch
ich will sie nicht." Schließen Sie die Augen, atmen Sie dreimal
tief durch und entspannen Sie Ihren Körper vom Kopf bis in die
Zehen. Stellen Sie sich dann geistig vor, am rechten Flußufer
zu stehen. Nehmen Sie das frische grüne Gras wahr, den blau-
en Himmel und die Geräusche der Landschaft, bevor Sie auf
Ihr Haus mit dem roten Dach blicken. Laufen Sie dorthin und
betreten Sie Ihr Haus durch die Eingangshalle, am Symbol Ihres Potentials vorbei hinein ins Konditionierungsstudio. Nehmen Sie eine schöne heiße Dusche und stellen Sie sich auf
Ihren Energiestrahl. Gestehen Sie sich Ihre Beschwerden ein
(z. B. Kopfschmerzen, Erkältungssymptome, Müdigkeit usw.),
doch sagen Sie sich, daß Sie es so nicht wollen. Schalten Sie
den Energiestrahl ein und stellen Sie sich vor, wie gesunde,
energiereiche Schwingungen von Ihren Füßen aus den ganzen
Körper durchdringen bis in Ihr Gehirn. Verlassen Sie dann Ihr
Haus und kehren Sie zum Flußufer zurück. Sagen Sie sich, daß
Sie jetzt von eins bis sieben zählen und daß alles vorüber sein

wird, wenn Sie bei sieben ankommen. Zählen Sie nun von eins bis vier – erinnern Sie sich bei der vier daran, daß Sie die Hälfte überschritten haben – und öffnen Sie, wenn Sie die sieben erreicht haben, die Augen, um sich körperlich wie geistig wach und völlig gesund zu fühlen. Beginnen Sie bei fünf, sich körperlich auf das Erwachen vorzubereiten; bereiten Sie sich bei sechs darauf vor, die Augen zu öffnen, und öffnen Sie sie dann bei sieben und sagen Sie sich im Geiste: „Ich bin körperlich und geistig hellwach."

Sie werden entdecken, daß Ihre Beschwerden verschwinden, wenn Sie sich gedanklich ganz darauf konzentrieren. Die meisten derartigen Beschwerden sind nichts anderes als Streßsymptome, und da Entspannung das einzige ist, was gegen Streß hilft, brauchen Sie nur die oben beschriebene Routine zu durchlaufen, um Ihren Streß loszuwerden. Wenn Sie Ihr Vorhaben im Alpha-/Theta-Zustand bestärken, schicken Sie an Ihr Gehirn eine starke Botschaft zur Herstellung der gewünschten Ergebnisse. Ihr Bio-Computer ist nun bestens darauf vorbereitet, Eingaben aufzunehmen und zu verarbeiten.

Die Routine, dreimal tief durchzuatmen, sich von Kopf bis Fuß zu entspannen und seine Phantasie vor dem Betreten des Hauses auf das rechte Flußufer zu konzentrieren, nennen wir nun „Standard-Eingangsroutine".

Sie werden merken, daß Sie den Energiestrahl dazu verwenden können, Ihre Energie ganz erheblich zu verstärken. Nutzen Sie dies am Abend nach einem arbeitsreichen Tag, am Ende einer QHE und vor oder nach Ihren Mahlzeiten. Es gibt unendlich viele Anwendungsmöglichkeiten: vor einer Party, einer Konferenz, beim Sport, vor anderen öffentlichen Auftritten oder nach einer langen Reise – gönnen Sie sich diesen zusätzlichen Schuß Energie, wann immer Sie ihn brauchen.

Ich selbst würde nicht im Traum daran denken, eine Rede zu halten oder ein Seminar durchzuführen, ohne mich erst völlig zu entspannen und mich körperlich und geistig ganz auf die vor mir liegende Aufgabe vorzubereiten. Wenn ich mich dann zum Schluß auf meinem Energiestrahl wieder auflade, staunt oft das ganze Publikum über die Vitalität, die ich scheinbar im Überfluß besitze. Probieren Sie es doch selbst einmal aus! Der unmittelbare Nutzen liegt auf der Hand, und die langfristigen Ergebnisse sind sogar noch eindrucksvoller. Kursteilnehmer berichten immer wieder, daß sie durch die Kombination von Entspannung mit der imaginären Dusche und dem Energiestrahl die Kontrolle über Krankheiten und Beschwerden wie Bluthochdruck, Gürtelrose und alle Arten von Schmerzen erlangt haben.

Wie ich schon sagte: „*Es funktioniert einfach.*" Machen Sie es zum Teil Ihres Lebensstils, und Sie werden viel mehr Spaß am Leben haben. Vergessen Sie nicht, daß es ein wichtiger Teil der Standard-Eingangsroutine und damit ein weiterer Schritt im MindStore-System ist, eine Dusche zu nehmen, bevor Sie das Haus am rechten Ufer betreten.

Wenn Sie nun bereit dazu sind, dann lesen Sie den Text zur dritten Übung durch und richten Sie sich Ihre Eingangshalle und Ihr Konditionierungsstudio ein. Nehmen Sie wie besprochen erst eine Dusche, doch warten Sie mit dem Energiestrahl noch eine Weile. Auch hier wird es Ihnen helfen, den Übungstext auf Band aufzunehmen und später abzuspielen oder ihn von einem Freund vorlesen zu lassen.

Übung 3 – Die Eingangshalle und das Konditionierungsstudio

Setzen Sie sich bequem in einen Stuhl, schließen Sie die Augen und atmen Sie ruhig und gleichmäßig. Wir beginnen nun, unseren Geist zu konzentrieren und unseren Körper zu entspannen, bis wir ein gesundes Wohlbefinden hergestellt haben. Wenn ich die einzelnen Körperteile nenne, dann konzentrieren Sie wieder Ihre Gedanken darauf und versuchen Sie, sich dort zu entspannen.

Atmen Sie tief ein und entspannen Sie sich ... atmen Sie ein weiteres Mal tief ein und entspannen Sie sich ... atmen Sie noch einmal tief ein und enstpannen Sie sich ... Meine Kopfhaut ist entspannt, ich fühle, wie meine Kopfhaut sich entspannt ... Meine Stirn ist entspannt, ich spüre, wie meine

Stirn sich entspannt … Meine Augenlider sind entspannt, ich spüre, wie meine Augenlider sich entspannen … Mein Gesicht ist entspannt, ich spüre, wie mein Gesicht sich entspannt … Meine Zunge ist entspannt, ich spüre, wie meine Zunge sich entspannt … Mein Kiefer ist entspannt, ich spüre, wie mein Kiefer sich entspannt … Mein Hals ist entspannt, ich spüre, wie mein Hals sich entspannt …

Meine Schultern sind entspannt, ich spüre, wie meine Schultern sich entspannen … Meine Arme und Hände sind entspannt, ich spüre, wie meine Arme und Hände sich entspannen … Mein oberer Rücken ist entspannt, ich spüre, wie mein oberer Rücken sich entspannt … Mein Brustkorb ist entspannt, ich spüre, wie mein Brustkorb sich entspannt … Mein unterer Rücken ist entspannt, ich spüre, wie mein unterer Rücken sich entspannt …

Mein Bauch ist entspannt, ich spüre, wie mein Bauch sich entspannt … Meine Hüften sind entspannt, ich spüre, wie meine Hüften sich entspannen … Meine Schenkel sind entspannt, ich spüre, wie meine Schenkel sich entspannen … Meine Knie sind entspannt, ich spüre, wie meine Knie sich entspannen … Meine Waden sind entspannt, ich spüre, wie meine Waden sich entspannen … Meine Knöchel sind entspannt, ich spüre, wie meine Knöchel sich entspannen … Meine Zehen sind entspannt, ich spüre, wie meine Zehen sich entspannen … Meine Fußsohlen sind entspannt, ich spüre, wie meine Fußsohlen sich entspannen … Meine Fersen sind entspannt, ich spüre, wie meine Fersen sich entspannen …

Atmen Sie tief ein und entspannen Sie sich …

Ich stelle mir nun vor, ich sei an einem ganz besonderen Ort der Entspannung … ich glaube fest daran, daß ich dort bin … ich gönne mir einen kurzen Moment, um dies alles voll und ganz zu genießen (etwa 30 Sekunden).

Atmen Sie tief ein und entspannen Sie sich …

Ich stelle mir nun vor, ich stünde am Ufer eines Flusses … der Fluß ist hinter mir, und vor mir erstreckt sich eine wunderschöne Landschaft …

Ich spüre das frische grüne Gras unter meinen Füßen ... der Himmel über mir ist blau, und die Luft riecht nach frischem Gras ... ich höre die Klänge der wunderschönen Landschaft, die ich vor mir sehe ...

Ich blicke nun auf mein Haus und erinnere mich an seinen Aufbau, das Aussehen der Wände, das rote Dach und den Eingangsbereich ... ich gehe nun bis zum Eingang ... gleich werde ich die Türe öffnen, um meine Eingangshalle zu gestalten und dort ein Symbol meines Potentials aufzustellen ...

Ich öffne nun die Tür ... zuerst gestalte ich die Form dieses Raums und lege die Höhe der Decke fest ... nun die Dekoration, die Farben und die Beleuchtung ... Gleich werde ich hier ein Symbol meines Potentials aufstellen, ich werde meiner Kreativität vertrauen und dem, was mir in den Sinn kommt ... Ich werde bei allen künftigen Übungen im Rahmen der Standard-Eingangsübung zum Eintreten durch diese Eingangshalle hindurchgehen. Ich programmiere mich nun auf der Ebene des Fundaments. Gleich werde ich mein Konditionierungsstudio gestalten ... Ein Zimmer verwende ich zur Feinabstimmung meiner Energie und zur Entlastung von meinen Streßsymptomen ...

Das Konditionierungsstudio grenzt direkt an die Eingangshalle ... ich gestalte nun die Form dieses Raums und lege die Höhe der Decke fest ... nun die Dekoration, die Farben und die Beleuchtung ... Ich werde nun ein Badezimmer einrichten, wo ich alle negative Energie und die ihr zugrundeliegenden schädlichen Denkmuster abspülen kann ... ich lege seine Form und seine Maße fest ... ich wähle seine Farben aus ... nun bringe ich den Duschkopf an und einen Hebel zur Regulierung des Wasserstroms ... Ich werde dieses Badezimmer bei allen künftigen Übungs- und Entspannungssitzungen benutzen ...

Gleich werde ich in meiner Dusche stehen und alles Negative und die ihm zugrundeliegenden Denkmuster fortspülen ... Ich betrete nun mein Badezimmer und drehe die Dusche auf, damit die Reinigung beginnen kann ... ich spüre, wie das warme Quellwasser durch mein Haar und über jeden Zentimeter meines Körpers fließt, meine geistige Erschöpfung fortspült und dadurch meine Lebensenergie wiederherstellt ...

Ich stelle mir nun vor, wie helles Sonnenlicht in mich hereindringt ... und meine schädlichen und mich einschränkenden Einstellungen, vor allem meine negativen Gedanken, herausfiltert und herauswäscht ...

Ich stelle die Dusche ab und verlasse das Badezimmer, trocken und voller positiver Erwartungen ...

Ich werde nun meinen Energiestrahl schaffen; er wird aus einer Plattform am Boden herauskommen ... ich nutze diesen vibrierenden Strahl dann, um meine körperlichen Streßsymptome zu beseitigen und sofort Zugang zu meiner gesteigerten persönlichen Energie zu erhalten ...

Nun ist mein Konditionierungsstudio fertig ... es wird zum untrennbaren Bestandteil meiner MindStore-Techniken werden, wenn ich diese in mein Leben integriere. Nun werde ich meine positiven Affirmationen in Gedanken wiederholen (z.B. ich löse mich nun von sämtlicher Negativität in allen Bereichen meines Lebens/ich entschließe mich nun dazu, zu allen Zeiten klar, glücklich und positiv zu denken/es geht mir von Tag zu Tag und in jeder Hinsicht immer besser) ...

Ich verlasse nun mein Haus und kehre zum Flußufer zurück ... ich spüre das frische grüne Gras unter meinen Füßen. Ich werde jetzt gleich von eins bis sieben zählen, um ganz allmählich aus diesem gesunden Zustand tiefer Entspannung herauszukommen ...

Eins ... zwei ... drei ... vier ... nun ist die Hälfte überschritten. Wenn ich meine Augen öffne, werde ich körperlich und geistig hellwach und voll neuer Energie sein ... fünf, ich beginne nun, meinen Körper auf das Ende der Entspannung einzustellen ... sechs, ich bereite mich darauf vor, meine Augen zu öffnen ... und sieben, ich öffne meine Augen und bin nun körperlich und geistig hellwach.

Der zentrale Korridor

Der zentrale Korridor ist der Bereich des Hauses, in den Sie bei allen künftigen Übungs- und Entspannungssitzungen direkt vom Konditionierungsstudio aus gelangen werden. Von diesem Korridor aus erreichen Sie alle anderen Zimmer Ihres Hauses. Es liegt ganz an Ihnen und Ihrer Kreativität, wie Sie den Bereich gestalten, doch sollte auch dieser Raum hell und einladend wirken. Sie legen die Form des Raums, die Höhe der Decke und die Ausstattung fest. Sie können eine Wendeltreppe einbauen oder einen weiten, geräumigen Raum anlegen mit einer reich verzierten Decke und phantastischen Säulen. Es liegt wieder ganz an Ihnen.

An einem Seminar, das ich in Glasgow abhielt, nahm einmal eine Freundin und Kollegin aus meiner Zeit als Sozialarbeiter teil. Sie kam, um ein wenig zu plaudern, und teilte mir dann ihre persönlichen Beobachtungen mit, die auf mich und offenbar auch auf sie eine starke Wirkung hatten.

In meinen Kursen bitte ich die Teilnehmer immer, am Ende jeder Übung sich selbst zu danken für die Qualität ihres Denkens. Mit Tränen in den Augen berichtete meine Bekannte, wie froh sie darüber sei, denn sie habe sich noch nie bei sich selbst für irgend etwas bedankt. Ihr war klargeworden, daß sie immer sehr schnell dabei war, sich herabzusetzen, sich aber noch nie gelobt oder das, was sie war, wirklich geschätzt hatte. Ich kann Ihnen versichern, daß viele andere Kollegen und Freunde ihre Leistungen immer anerkannt hatten und für ihr Engagement, ihre Begabung und ihre Freundschaft immer sehr dankbar gewesen waren.

Wir beide erkannten, daß sie nicht die einzige war, der es so ging, denn ich selbst war jahrelang um meine Gesundheit besorgt gewesen, und uns wurde klar, daß viele, viele Menschen – vermutlich sogar die große Mehrheit – schnell dabei sind, sich selbst herabzusetzen, sich aber noch nie für etwas gelobt oder an sich selbst irgend etwas Wertvolles entdeckt hatten.

Ich beschloß daraufhin, das Haus am rechten Ufer um einen zentralen Korridor zu erweitern. Schließlich führt dieser Bereich in alle anderen Zimmer Ihres Hauses, und Sie müssen ihn durchqueren, wenn Sie die übrigen Räume erreichen wollen. Da Sie ihn betreten werden, wenn Sie in dem ebenso tiefen wie leistungsstarken Alpha-/Theta-Entspannungszustand sind, könnten Sie dies nutzen, um Ihr Bewußtsein auf Positives einzustellen und um jedes negative Selbstbild, das Sie vielleicht haben, zu überwinden. Ich bin sicher, wenn Sie sich dafür entscheiden, werden Ihnen Zeiten einfallen, in denen Sie wirklich Ihr Bestes gaben, wo Sie erfolgreich waren und Spaß am Leben hatten.

Hängen Sie beim Bau des zentralen Korridors Bilder an die Wände mit Abbildungen aus jenen Zeiten, in denen Sie besonders viel Lebenskraft hatten und besonders erfolgreich waren. Dies können Gemälde sein oder Fotos – einfach unübersehbar große Bilder jener besonderen Momente. Vertrauen Sie auf das, was Ihnen in den Sinn kommt. Wenn Sie in einem entspannten Alpha-/Theta-Zustand sind, bestärken diese Bilder Ihr Vertrauen darauf, daß Sie es wirklich erreichen können, daß Sie in der Vergangenheit Glück und Freude erlebten und damit natürlich auch in Zukunft rechnen dürfen. Solch eine simple Idee kann Ihr Selbstbewußtsein und damit Ihr Lebensgefühl im Alltag ganz dramatisch beeinflussen.

Ich selbst habe Bilder von Momenten aus meiner Kindheit aufgehängt, Erinnerungen an Zeiten, in denen ich Spaß hatte und erfolgreich war – das Tor, das ich für die Fußballmannschaft meiner Grundschule schoß, das gewonnene Golfmatch, die Geburt meines Sohnes, der überwältigende Beifall, mit dem sich ein begeistertes Publikum bei mir bedankte, und vieles mehr. Nehmen Sie sich die Zeit, darüber nachzudenken, und entscheiden Sie dann in Ruhe, was Sie an die Wände Ihres Korridors hängen wollen. Diese Bilder gehören Ihnen, und ihre Bedeutung kennen nur Sie. Vergleichen Sie sie nicht mit dem, was andere Ihrer Meinung nach aufgehängt haben. Haben Sie Spaß daran und versuchen Sie es – manchmal sind die einfachsten Ideen die besten.

Übung 4 – Der zentrale Korridor

Setzen Sie sich bequem in einen Stuhl, schließen Sie die Augen und atmen Sie ruhig und gleichmäßig. Wir beginnen nun, unseren Geist zu konzentrieren und unseren Körper zu entspannen, bis wir ein gesundes Wohlbefinden hergestellt haben. Wenn ich die einzelnen Körperteile nenne, dann konzentrieren Sie wieder Ihre Gedanken darauf und versuchen Sie, sich dort zu entspannen.

Atmen Sie tief ein und entspannen Sie sich ... atmen Sie ein weiteres Mal tief ein und entspannen Sie sich ... atmen Sie noch einmal tief ein und enstpannen Sie sich ... Meine Kopfhaut ist entspannt, ich fühle, wie meine Kopfhaut sich entspannt ... Meine Stirn ist entspannt, ich spüre, wie meine Stirn sich entspannt ... Meine Augenlider sind entspannt, ich spüre, wie meine Augenlider sich entspannen ... Mein Gesicht ist entspannt, ich spüre, wie mein Gesicht sich entspannt ... Meine Zunge ist entspannt, ich spüre, wie meine Zunge sich entspannt ... Mein Kiefer ist entspannt, ich spüre, wie mein Kiefer sich entspannt ... Mein Hals ist entspannt, ich spüre, wie mein Hals sich entspannt ...

Meine Schultern sind entspannt, ich spüre, wie meine Schultern sich entspannen ... Meine Arme und Hände sind entspannt, ich spüre, wie meine Arme und Hände sich entspannen ... Mein oberer Rücken ist entspannt, ich spüre, wie mein oberer Rücken sich entspannt ... Mein Brustkorb ist entspannt, ich spüre, wie mein Brustkorb sich entspannt ... mein unterer Rücken ist entspannt, ich spüre, wie mein unterer Rücken sich entspannt ...

Mein Bauch ist entspannt, ich spüre, wie mein Bauch sich entspannt ... Meine Hüften sind entspannt, ich spüre, wie meine Hüften sich entspannen ... Meine Schenkel sind entspannt, ich spüre, wie meine Schenkel sich entspannen ... Meine Knie sind entspannt, ich spüre, wie meine Knie sich entspannen ... Meine Waden sind entspannt, ich spüre, wie meine Waden sich entspannen ... Meine Knöchel sind entspannt, ich spüre, wie meine Knöchel sich entspannen ...

Meine Zehen sind entspannt, ich spüre, wie meine Zehen sich entspannen … Meine Fußsohlen sind entspannt, ich spüre, wie meine Fußsohlen sich entspannen … Meine Fersen sind entspannt, ich spüre, wie meine Fersen sich entspannen …

Atmen Sie tief ein und entspannen Sie sich … Ich stelle mir nun vor, ich sei an einem ganz besonderen Ort der Entspannung … ich glaube fest daran, daß ich dort bin … ich gönne mir einen kurzen Moment, um dies alles voll und ganz zu genießen (etwa 30 Sekunden).

Atmen Sie tief ein und entspannen Sie sich … Ich stelle mir nun vor, ich stünde am Ufer eines Flusses … der Fluß ist hinter mir, und vor mir erstreckt sich eine wunderschöne Landschaft …

Ich spüre das frische grüne Gras unter meinen Füßen … der Himmel über mir ist blau, und die Luft riecht nach frisch gemähtem Gras … ich höre die Klänge der wunderschönen Landschaft vor meinen Augen …

Ich betrete nun meine Eingangshalle und laufe am Symbol meines Potentials vorbei in mein Konditionierungsstudio …

Gleich werde ich in meiner Dusche stehen und alles Negative und die ihm zugrundeliegenden Denkmuster fortspülen …

Ich betrete nun mein Badezimmer und drehe die Dusche auf, damit die Reinigung beginnen kann … ich spüre, wie das warme Quellwasser durch mein Haar und über jeden Zentimeter meines Körpers fließt, meine geistige Erschöpfung fortspült und dadurch meine Lebensenergie wiederherstellt …

Ich stelle mir nun vor, wie helles Sonnenlicht in mich hereindringt … und meine schädlichen und mich einschränkenden Einstellungen, vor allem meine negativen Gedanken, herausfiltert und herauswäscht …

Ich stelle die Dusche ab und verlasse das Badezimmer, trocken und voller positiver Erwartungen …

Gleich werde ich meinen zentralen Korridor gestalten …

Dieser führt in alle anderen Räume meines inneren Heims

und ist direkt mit dem Konditionierungsstudio verbunden …
Ich lege nun seine Größe und die Höhe der Decke fest …
Nun die Dekoration, die Farben und die Beleuchtung …
An die Wand hänge ich nun Bilder von Momenten in meiner
Vergangenheit, wo ich Großartiges geleistet habe … (etwa
eine Minute)
Nun ist mein zentraler Korridor fertig … er führt in alle anderen Räume meines inneren Heims …
Ich verlasse nun mein Haus und kehre zum Flußufer zurück …
ich spüre das frische grüne Gras unter meinen Füßen. Ich
werde jetzt gleich von eins bis sieben zählen, um ganz allmählich aus diesem gesunden Zustand tiefer Entspannung
herauszukommen …
Eins … zwei … drei … vier … nun ist die Hälfte überschritten. Wenn ich meine Augen öffne, werde ich körperlich
und geistig hellwach und voll neuer Energie sein … fünf, ich
beginne nun, meinen Körper auf das Ende der Entspannung
einzustellen … sechs, ich bereite mich darauf vor, meine Augen zu öffnen … und sieben, ich öffne meine Augen und bin
nun körperlich und geistig hellwach.

Zusammenfassung

1. Tiefe körperliche und geistige Entspannung ist der richtige
   Weg, den Folgen von Streß zu entgehen und gesund zu bleiben.
2. Die Gehirnwellenaktivität ist bei Entspannung vermindert.
3. Das Symbol für Ihr Potential wird Ihren Glauben stärken,
   daß Sie im Leben noch viel mehr erreichen können.
4. Nutzen Sie Ihr Konditionierungsstudio dazu, Ihre körperliche Energie wieder aufzuladen.
5. Ein guter Zeitpunkt zum Üben ist der Abend, und zwar jener
   Zeitraum, der zwischen den Anforderungen des Tages und
   Ihren nächtlichen Tätigkeiten liegt.
6. Die Standard-Eingangsroutine:
   a) Setzen Sie sich bequem hin, schließen Sie die Augen, at-

men Sie dreimal tief ein und entspannen Sie sich dann bei jedem Ausatmen.

b) Entspannen Sie Ihren Körper vom Kopf bis in die Zehen, zum Beispiel „meine Kopfhaut ist entspannt, ich spüre, wie meine Kopfhaut sich entspannt; meine Stirn ist entspannt, ich spüre, wie meine Stirn sich entspannt" usw.

c) Stellen Sie sich vor, Sie stünden am Flußufer. Laufen Sie dann zu Ihrem Haus und gehen Sie durch die Eingangshalle in Ihr Konditionierungsstudio, um dort zu duschen.

7. Stärken Sie Ihr Selbstbewußtsein, indem Sie positive Bilder an die Wände Ihres zentralen Korridors hängen.

8. Sie sind ein ganz besonderer Mensch. In Ihrem Leben gab es immer wieder Momente, in denen Sie zeigten, wie großartig Sie in Wirklichkeit sind.

Ziele setzen und 7 Probleme lösen

Was Entschlußkraft (und schöpferisches Arbeiten) anbetrifft, so gibt es hier eine grundlegende Wahrheit, die bei Nichtbeachtung viele großartige Ideen und Pläne vernichtet: In dem Augenblick, wo man sich auf etwas festlegt, gerät auch die Vorsehung in Bewegung. Alle möglichen Dinge, die sonst nie geschehen wären, kommen nun zu Hilfe. Die Entscheidung, sich für etwas einzusetzen, läßt einen ganzen Strom von hilfreichen Ereignissen und Begegnungen entspringen, mit denen niemand gerechnet hätte. Was immer du tun kannst oder wovon du träumst, es zu tun, fang damit an! Mut braucht Genie, Zauber und Kraft. Beginne jetzt damit.

Frei nach Goethe

In wenigen Zeilen faßt ein genialer Denker zusammen, was viele in Büchern und Trainingsprogrammen zu erklären versuchen. Diese fast magnetische und scheinbar unsichtbare Kraft ist bei allen Erfolgsgeschichten, die ich gehört oder auch untersucht habe, anzutreffen.

Die größte Freude für uns Mitglieder des MindStore-Teams sind die regelmäßig eintreffenden Briefe, Anrufe und anderen Rückmeldungen, die wir zu unseren Kursen erhalten. Viele sagen: „Mein Leben hat sich völlig verändert!" So etwas sagt man nicht so ohne weiteres, doch ich verstehe, was diese Menschen meinen, denn mein Leben hat sich dadurch ebenfalls von Grund auf geändert.

Diese Wirkung wird meiner Meinung nach dadurch hergestellt, daß man alles Negative beseitigt und eine positive Haltung einnimmt und dabei gleichzeitig versteht, was geschieht, und seine Energie und seine Gedanken ganz auf das konzentriert, was ich Ihnen hier mitzuteilen versuche. Das, was ich Ihnen erkläre, ist wichtiger als das meiste, das Sie sonst zu hören bekommen. Viele, die sich mit meinen Übungen befassen, erwarten komplizierte Gedanken und sind dann oft enttäuscht darüber oder bestreiten sogar, daß das, was ihr Leben wirklich grundlegend ändern kann, etwas ganz Simples ist.

In der Einleitung zu seinem großartigen Buch *Denke nach und werde reich* versucht Napoleon Hill, seine Leser vor der Kraft zu warnen, die sich dem erschließt, der versteht, welches Geheimnis dem Erfolg zugrunde liegt. Er sagt dies jedoch nicht offen, sondern überläßt es dem Leser, dies aus seinem Buch herauszulesen. Vielen gelingt dies auch nicht, denn die Wahrheit ist so offensichtlich, daß sie paradoxerweise leicht übersehen wird.

Ich freue mich immer, wenn ich von denen höre, die meinen Anleitungen folgen und meine Methoden praktisch anwenden, denn ihr Wachstum und ihre Erfolge sind ein großer Ansporn für mich. Andere jedoch, darunter oft Kollegen oder Angehörige, halten mein Programm schlicht für „Unfug". Es ist zwar traurig, aber jene Leute haben recht – woran man auch glaubt, für das Gehirn ist es eine Tatsache. Diese Gedanken anzunehmen und sie in die Tat umzusetzen *funktioniert einfach;* wenn Sie sie jedoch zurückweisen, haben Sie genauso recht. Es liegt also ganz an Ihnen, wie Sie reagieren. Sie sind es, der bestimmt, was Sie erreichen.

Offen gestanden bin ich davon überzeugt, daß Sie wirklich von meinem Buch profitieren wollen, wenn Sie es bis hierher noch nicht aus der Hand gelegt haben. Ihr Wunsch, Neues zu lernen und zu erfahren, wie meine Methoden Ihnen helfen können, ist für eine Veränderung schon ausreichend. Bitte versuchen Sie jedoch, wirklich zu verstehen, was ich Ihnen erkläre, und es auch praktisch anzuwenden. Ich wünsche Ihnen, daß Ihnen dies gelingt.

Wie man sich ein Ziel setzt und es schriftlich festhält

Mein Leben änderte sich dramatisch, als ich einmal eine Geschichte über die Universität Yale in den USA las. Der Bericht handelte von einer Studie, bei der Studenten des letzten Semesters gefragt wurden, was sie über die angesehene Hochschule dachten. Man befragte Examenskandidaten sämtlicher Fächer nach ihrer Meinung zur Universität und den einzelnen Einrichtungen, dem Personal, der Bibliothek, den Vorlesungssälen, den Seminaren – und auch nach dem Mensaessen und den anderen Dienstleistungen, die von der Universität angeboten wurden. Der Fragebogen erfaßte sämtliche Lebensbereiche und stellte dabei auch ganz allgemeine Fragen.

Eine der gestellten Fragen war: „Haben Sie Ziele?" Dem Bericht zufolge wurde dies von zehn Prozent der Studenten bejaht. Das war aber nicht, was mich so beeindruckte, ich las es einfach und ging zur nächsten Frage über: „Wenn Sie Ziele haben, schreiben Sie sie dann auf?" Dies bejahten offenbar vier Prozent der Befragten, doch auch dies überraschte mich noch nicht. Ich las nur weiter.

Zwanzig Jahre später, im Jahr 1973, wollte die Universität den Examenskandidaten dieses Jahrgangs den gleichen Fragebogen vorlegen. In Wirklichkeit handelte es sich dabei wohl um eine Art Marktforschung. Als man noch darüber beriet, ob man die Studie wirklich durchführen sollte, erhob jemand Einwände und verlangte, man solle die Teilnehmer der ersten Studie kontaktieren, um herauszufinden, was aus ihnen geworden war. Man stimmte dem zu und begann, auf der ganzen Welt nach den Prüflingen des Jahres 1953 zu suchen; einige Studenten waren schon verstorben, doch die große Mehrheit konnte aufgespürt und befragt werden.

Was ich nun entdeckte, beeinflußte mein Denken so nachhaltig, daß es mein Leben für immer verändern sollte. Ich las, daß jene vier Prozent, die 20 Jahre zuvor ihre Ziele aufgeschrieben hatten, den anderen Umfrageteilnehmern bei allem, wo es um Erfolg ging, um Längen voraus waren. Ihr Lebensrad war ausgeglichen, und sie hatten in allen Bereichen eine hohe Punktzahl. Gesundheitlich und in ihrem Beziehungsleben unterschieden sie sich völlig von ihren ehemaligen Kommilitonen. Besonders beeindruckte mich, daß es offenbar allen, die ihre Ziele damals schriftlich festgehalten hatten, finanziell bestens ging, daß sie sogar mehr Geld erwirtschaftet hatten als die übrigen 96 Prozent – die ihre Ziele nicht aufschrieben – zusammengenommen.

Als Sozialarbeiter im Glasgower East End fand ich diese Erkenntnis recht beunruhigend. Jahre hatte ich damit verbracht, mich um jene zu kümmern, die mit ihrem Leben in jenem Stadtteil nicht zurechtkamen. Es gab viel Gutes, das wir zusammen erreicht hatten, doch der Bericht aus Yale veranlaßte mich dazu, all dies in Frage zu stellen.

Daß man ein Ziel nur aufzuschreiben braucht, um es zu verwirklichen, konnte ich nicht glauben. So einfach kann es in Wirklichkeit doch nicht sein, dachte ich. Vage erinnerte ich mich an das, was ich als Kind alles hatte erreichen wollen, und auch als Erwachsener hatte ich immer wieder gute Ideen gehabt über Dinge, die ich verwirklichen wollte. Selten jedoch hatte ich meine Einfälle in die Tat umgesetzt, und ich hatte sie bestimmt niemals aufgeschrieben. Statt dessen mußte ich in meinem Beruf Pläne und Zielsetzungen formulieren, doch war der Zweck meiner Jahresplanung oft nur der, bei meinem Chef einen guten Eindruck zu hinterlassen. Der Bericht aus Yale jedoch zeigte mir einen ganz neuen Weg, und ich begab mich sofort auf eine abenteuerliche Reise, eine Reise, die ich noch immer nicht beendet habe, da sie so aufregend ist.

Ich konzentrierte mich auch auf die Tatsache, daß 1953 zehn Prozent der Befragten angegeben hatten, Ziele zu haben, 60 Prozent davon aber nie auf die Idee gekommen waren, diese Ziele auch aufzuschreiben. Vielleicht besitzt der Entschluß, die Mühe auf sich zu nehmen, um dies wirklich zu tun, die Macht, ein so starkes inneres Engagement, wie es für die Durchsetzung der Ziele notwendig ist, herzustellen. War es das, was Goethe meinte?

Neben meiner damaligen Sozialarbeitertätigkeit betrieb ich auch noch ein winziges Reisebüro, das hauptsächlich Skiferien vermittelte. Natürlich hatte ich mich mit Unternehmensplanung, Buchführung und Gewinn- und Verlustrechnung befaßt, und das unternehmerische Risiko, das mit solch einem Geschäft verbunden ist, hatte natürlich Ängste geweckt wie: „Was mache ich, wenn alles schiefläuft?" und „Was, wenn ich Konkurs mache?" usw. Nun hatte sich auf einmal ein Weg eröffnet, der zwar einfach aussah, der mir jedoch gewiß zum Erfolg verhelfen würde, wenn er wirklich funktionierte.

Ich beschloß, so viel wie möglich über diesen Weg zur Durchsetzung von Zielen herauszufinden. Aus dem, was ich las, wurde mir klar, daß dies mit einigem Einsatz verbunden sein würde. Zur Erklärung wurden hier viele Metaphern verwendet. Die einen verglichen das Leben mit den Zuschauern und Spielern einer Sportveranstaltung. Die Zuschauer waren in der weit überwiegenden Mehrheit. Sie schauten vom Rand des Spielfelds aus zu, unterhielten sich dabei und tauschten Meinungen aus, ohne jemals aufzustehen und mitzuspielen. Die Sportler waren diejenigen, die das Leben voll und ganz zu leben schienen, die sich Ziele setzten und verwirklichten.

Andere Vergleiche sprachen davon, das Leben habe Spielregeln, die jedoch nur wenigen Spielern bekannt seien. Es schien ein großes Geheimnis zu sein, das nur die wirklich Erfolgreichen entschlüsseln konnten, die Sieger und Gewinner. Das große Geheimnis bestand offenbar darin, die Ziele ganz einfach aufzuschreiben. Erinnern Sie sich an Frank Dick, den früheren Trainer britischer Sportler, der von Bergbewohnern und Talbewohnern spricht? Hier ist eine weitere Metapher: Die Bergbewohner gehen das Risiko ein zu gewinnen; sie stellen sehr hohe Anforderungen an das Leben und beginnen dann, diese Ziele durchzusetzen.

Ich spreche gern vom „Ozean des Lebens". Auf dem Ozean haben wir alle eine Chance. Wir sitzen alle in unserem eigenen Boot und können aus unserem Leben etwas machen, sofern wir nicht gerade geistig behindert auf die Welt gekommen sind. (Sie stimmen sicher mit mir überein, daß viele Körperbehinderte uns Gesunden weit überlegen sind, wenn es darum geht, Widrigkeiten zu überwinden und Erfolg zu haben.)

Der Ozean des Lebens kennt Sturm und Windstille, rauhe See und glatte Wasseroberfläche. Das Leben durchquert Höhen und Tiefen, wenn das Boot das Wasser überquert – die 4-Prozent-Minderheit weiß, daß man dazu ein Ruder und einen Motor braucht, während die übrigen 96 Prozent noch nicht einmal wissen, daß es so etwas überhaupt gibt.

Wenn die Stürme kommen – und sie kommen immer, vor allem die großen, die man Rezession nennt –, dann können auch die vier Prozent vom Kurs abgelenkt werden. Sie sind jedoch hartnäckig genug, das Ruder festzuhalten und den Motor einzuschalten, um ihren ursprünglichen Kurs gegen den Wind zu verteidigen. Ich habe übrigens noch nie jemanden getroffen oder von jemandem gehört, der sofort Erfolg hatte. Die Reise verläuft immer unruhig, und unterwegs lauern Enttäuschungen und Fehlschläge. Irgendwie gelingt es den wenigen jedoch, sich nicht unterkriegen zu lassen und erfolgreich zu sein.

Kommt ein Sturm auf, dann sind die 96 Prozent, die es ohne Ruder und Motor versuchen, der Gnade von Wind und Flut hilflos ausgeliefert. Sie werden in alle Himmelsrichtungen abgetrieben. Manchmal kommt auch ein großes Schiff vorbei, und die im Boot versuchen, von diesem ins Schlepptau genommen zu werden. Das Kielwasser der 4-Prozent-Minderheit ist jedoch gewöhnlich zu stark, so daß die 96 Prozent schließlich aufgeben.

Wenn der Sturm sich legt, schalten die vier Prozent einfach ihren Motor ein und nehmen Kurs auf ihr Ziel, während die 96 Prozent von irgendwelchen Strömungen abgetrieben werden.

Diese Wahrheit vertrete ich leidenschaftlich, eine Wahrheit, von der ich in der Schule oder auf der Universität nie etwas gehört habe. Man befaßte sich dort nicht damit, ich mußte ganz allein darauf stoßen. Meiner Meinung nach sollte diese Wahrheit in allen Schulen zum Teil des Lehrplans werden. Ich frage mich, was aus mir und meinen Kameraden wohl geworden wäre, wenn wir dies in der Schule gelernt hätten, wenn unsere Sozialisation auf diesem Grundstein beruhen würde.

Meiner Meinung nach bringen jene 96 Prozent, die die Bedeutung von Zielen nicht verstehen, ihr ganzes Leben damit zu, der 4-Prozent-Minderheit dabei zu helfen, ihre Ziele zu verwirklichen. Dies ist eine der größten Herausforderungen und wichtigsten Wahrheiten des Lebens. Wie Goethe andeutete, ziehen Menschen, die sich immer Ziele setzen, wie durch eine magnetische Kraft die passenden Menschen, Orte und Gelegenheiten an. Wie dies auch immer geschehen mag, ich bin entschlossen, so vielen Menschen wie möglich zu zeigen, daß sie sich dafür einsetzen müssen, ihre eigene Zukunft zu gestalten – damit es nicht andere für sie tun.

Ich vergleiche dies gern mit einem Sumpf, in dem man festsitzt. Sie stecken bis zur Taille im Schlamm, so daß Sie nur sehr langsam und unter größten Mühen vorankommen. Wenn Sie dann verstehen, wie sich Ziele realisieren lassen, werden Sie aus dem Morast herausgezogen und auf trockenes, festes Land gesetzt. Zuerst hängt noch Schlamm an Ihnen und behindert die Fortbewegung. Sie gehen immer noch sehr langsam, aber mit ganz neuem Enthusiasmus. Dann beginnt der Schlamm, allmählich zu trocknen. Sie gehen nun etwas schneller, und schon bald fällt der getrocknete Schlamm nach und nach von Ihnen ab. Ihr Schritt beschleunigt sich, und Sie können jetzt ohne Probleme laufen. Sie nehmen größere Schritte, laufen schneller, rennen schließlich und heben am Ende vom Boden ab.

Alle, die die Natur dieser großen Energie verstehen, haben erlebt, wie sie ganz allmählich zu tröpfeln beginnt, in Form vereinzelter kleiner Möglichkeiten und Durchbrüche als erste Vorboten des Erfolgs. Im Lauf der Zeit wird aus diesen spärlichen Tropfen ein kleiner Fluß, wie aus einem nicht ganz zugedrehten Wasserhahn – eine winzige, aber beharrlich fließende Bestätigung dafür, daß alles irgendwann Frucht tragen wird. Das Wasser fließt bald kräftiger, bis der Fluß schließlich zum Strom wird und am Ende sich gewaltige Wassermassen in den Ozean ergießen.

Ich kann natürlich nicht dafür garantieren, daß das MindStore-System Ihr Leben sofort verändern wird, doch wenn Sie es in die Praxis umsetzen, werden Sie sehen, daß das Programm *einfach funktioniert*. Viele Tausende von Menschen kennen die Macht von MindStore. Wenn Sie sofort Erfolg hätten, kämen Sie damit meiner Meinung nach sowieso nicht zurecht; es könnte Ihnen sogar schaden, denn Sie wären völlig überfordert von den plötzlichen Veränderungen. Sie sollten statt dessen erst lernen, sich nach und nach auf das Neue einzustellen, um dann bereit zu sein, wenn die wirklich großen Geschenke endlich kommen. Ich kann Ihnen jedoch versichern, daß es die Reise zu Ihrem Ziel ist, um die es in Wirklichkeit geht.

Halten Sie unterwegs an und achten Sie auf die vielen Dinge, die es auf Ihrem Weg zu sehen gibt; riechen Sie den Duft der Rosen, genießen Sie die Aussicht und freuen Sie sich bei jedem Schritt darüber, daß Sie vorankommen. Viele wissen nur zu gut, daß es auch enttäuschend und ernüchternd sein kann, ein Ziel zu verwirklichen. Es sind der Wunsch voranzukommen und die Begeisterung darüber, die uns im Leben Freude bereiten. Durch meine eigenen Erfahrungen und meine Beobachtungen an anderen weiß ich, daß wir gerade dann am verwundbarsten sind, wenn wir ein Ziel erreicht haben; wir müssen dann ein anderes Ziel finden, und das schnell, denn sonst bleiben wir auf unseren Lorbeeren sitzen und werden immer schwächer.

Die Knospen, die einen Sommertag verschönern, wachsen und reifen, um dann schließlich zu Boden zu fallen und zu verwelken, bis sie schließlich ganz verschwunden sind.

Auch wenn andere vor mir es vielleicht schöner formuliert haben: Menschen ohne Ziel verkümmern einfach. Wer nach seiner Pensionierung keinen neuen Lebensinhalt findet, dem er sich widmen kann, hat keine hohe Lebenserwartung mehr. Der ganze Sinn des Lebens besteht letztlich darin, sich Ziele zu setzen und sie trotz aller Hindernisse am Weg in Angriff zu nehmen.

Was ich bei dem Versuch, das alles zu verstehen, entdeckte, war mehr als interessant. Ich fand heraus, daß all diejenigen, die erreicht hatten, was sie wollten – ob nun im Privatleben, in der Kunst, im Sport, in der Wirtschaft oder bei wissenschaftlichen Forschungen und Erfindungen –, begriffen hatten, wie wichtig es ist zu wissen, was man will.

Die größten Geschenke des Lebens sind die Fähigkeit, große Gedanken zu entwickeln, und die Kraft, die richtigen Schritte zu unternehmen, damit diese Gedanken in unserer wunderbaren, reichen Welt Wirklichkeit werden. Es sind die, die sich für ihre Ziele einsetzen, denen so etwas gelingt.

Vier Schritte nach vorn

Bei dem Versuch, einen Weg zu finden, auf dem die Menschen vorankommen können, werden oft viele einfache Schritte genannt, die dafür zu unternehmen sind. So einfach wie möglich formuliert, stellen sich diese Schritte folgendermaßen dar:

1. Entwickeln Sie eine klare Vision dessen, was Sie erreichen wollen, und konzentrieren Sie sich darauf.
2. Setzen Sie sich für diese Vision ein.
3. Planen Sie genau, wie Sie dorthin kommen wollen.
4. Werden Sie aktiv.

Einige sind auch der Meinung, auf dem Weg zum Ziel sei es unerläßlich, daß man seine Fortschritte regelmäßig überprüft und seinen Kurs gegebenenfalls ändert.

Wer seine Visionen mit diesen Schritten verwirklichen will, muß interessanterweise zuallerst die Fähigkeiten seiner rechten Hirnhemisphäre nutzen. Beim nächsten Schritt müssen beide Gehirnhälften zusammenarbeiten, damit sich das nötige Engagement entwickelt und ein Gefühl dafür entsteht, was wirklich möglich ist. Wenn der Plan dann schließlich durchdacht und geprüft wird, ist das logische Denken der linken Hemisphäre erforderlich.

Natürlich sind all diese Schritte wichtig, doch habe ich bemerkt – vor allem, seit ich die Bedeutung der beiden Hirnhälften und die Vorherrschaft der linken, logischen Seite erkannt habe –, daß die meisten Menschen der Planung ihrer Ziele (dritter Schritt) viel mehr Zeit und Energie widmen als der Konzentration auf die Vision (Schritt 1). Da die Lebenserfahrungen der linken Hirnhemisphäre so übermächtig sind, setzen die wenigsten Menschen ihr rechtes Gehirn überhaupt ein, so daß die Visionen und Ziele, die sie entwickeln, auf schwachen Füßen stehen.

Ich glaube, daß dies für unser modernes Leben eine wichtige Herausforderung ist, denn die Folgen der Dominanz der linken Gehirnhälfte sind überall zu sehen: ein Mangel an Antrieb und Energie. Das Ergebnis? Mittelmaß und fehlender Erfolg.

Die Formulierung von Zielen

Einmal hörte ich einem der großen Unternehmer zu, einem
Mann aus der Lebensversicherungsbranche. Er besaß nicht nur
einen großen Traum, mit dem er sich bis ganz nach oben durch-
gekämpft hatte, sondern er sprach auch über seine Vision und
seine große Vorfreude auf das, was noch vor ihm lag. Er sei
nicht der einzige, meinte er. Es gebe noch mehr Menschen wie
ihn, die alle große Ziele verfolgten. Die, die es bis nach ganz
oben geschafft hatten, nannte er Nummer eins. Denen, die von
diesen Siegern angezogen werden, gab er die Nummern zwei,
drei und vier. Er war jedoch der Meinung, die Dreien und Vie-
ren besäßen keine Vision mehr und könnten die Truppen darum
weder inspirieren noch anführen. Er sorgte sich sogar um die
Zukunft, denn er glaubte, die neuen Sieger mit der Nummer
eins – Menschen, die zuallererst von der Vision einer strahlenden, erfolgreichen Zukunft motiviert werden, ohne das logische
Planen überzubewerten – müßten von neuem gefunden werden.

Zwar kenne ich mich in der Branche, aus der der Mann
stammte, nicht so gut aus, doch ich verstand, worauf er hinaus-
wollte. In den Jahren, seit ich meine Botschaft verbreite, konnte ich dies immer wieder beobachten, vor allem in der Industrie
und im Handel.

Zu den neuesten gesellschaftlichen Trends gehören die Verbesserung der Qualität der Unternehmensleitungen und der
Wunsch nach fähigen, verantwortungsvollen Teams auf allen
Ebenen eines Betriebs. Dies sind wertvolle Ziele, doch allzuoft
habe ich gehört, wie manche Menschen bezweifeln, daß teure
Programme wirklich in der Lage sind, etwas zu verändern. Die
meisten Firmen beginnen offenbar damit, daß sie versuchen,
durch die Formulierung ihrer Ziele ihre Vision der Zukunft zu
erneuern. Solche Zielsetzungen hängen oft im Empfangsbereich der Firmen, wo sie jeder lesen kann, und auch die Werbe-
broschüren dieser Betriebe sind häufig mit wohlklingenden
Worten gefüllt. Ich will mich darüber nicht lustig machen, doch
wenn ich die Angestellten (auch solche in leitenden Positionen)
frage, ob sie die Zielsetzungen ihres Arbeitgebers kennen,

zucken sie meist mit den Achseln und bemerken, dies sei doch alles ein ziemlicher Unfug.

Ich halte solche Zielformulierungen für sehr wichtig, doch müssen *alle* Mitarbeiter einer Organisation sich mit diesen Zielen identifizieren. Sie müssen die Visionen ihrer Firma zu ihren eigenen machen. Allzuoft jedoch glauben nur diejenigen an diese Ziele, die sie formulieren oder gegenüber ihren Vorgesetzten so tun müssen, als seien sie davon überzeugt.

Interessant ist jedoch, daß viele von denen, die die Vision ihrer Firma geistig gar nicht verinnerlicht haben, ständig damit beschäftigt zu sein scheinen, die Durchsetzung dieser Ziele strategisch zu planen. Wenn ein Plan eindrucksvoll wirkt und sich gut anfühlt, scheint schon alles Nötige getan worden sein.

Psychologische Schulungen und Trainingsprogramme für Angestellte von Firmen neigen oft dazu, die gleichen alten Vorgehensweisen zu verstärken. Die verwendete Sprache klingt dann nur zu vertraut. Das größte Problem bei diesen Seminaren liegt jedoch meiner Meinung nach darin, daß niemand so recht weiß, worum es dabei eigentlich geht.

Realistisch und umsetzbar?

Wenn Sie dem Formulieren und Umsetzen von Zielen zuvor schon einmal begegnet sind, haben Sie gewiß auch einige interessante Wörter und Sätze gehört. Die, die diese Fähigkeit unterrichten, glauben nur allzuoft selbst nicht daran, und wenn Sie dann versuchen herauszufinden, was diese damit überhaupt erreicht haben, werden Sie von den Erfolgen wohl eher enttäuscht sein. Ich bezweifle nicht, daß Sie selbst es mittlerweile gelernt haben, doch die meisten Menschen wissen nicht, wie man Ziele verwirklicht.

Vielleicht hat man Ihnen erzählt, Sie sollten sich „durchdachte, flexible und spannende“, auf jeden Fall aber „realistische, umsetzbare und natürlich klar definierte“ Ziele setzen. Am verräterischsten sind hier meiner Meinung nach die Wörter *realistisch* und *umsetzbar*. Es ist die mit Logik arbeitende linke

Hirnhälfte, der wir diese Begriffe verdanken. Diese Hemisphäre neigt dazu, das „Lebensgepäck" daraufhin zu untersuchen, was schon alles erreicht wurde und was sonst noch möglich ist, um dann die Ziele entsprechend zu formulieren. Natürlich werden solche „Ziele" immer umsetzbar und realistisch sein.

Die Phantasie sei wichtiger als alles Wissen, meinte Einstein – und er hatte recht. Die zur rechten Hirnhälfte gehörende Phantasie muß beim Formulieren von Zielen die Führung übernehmen, denn nur sie ist in der Lage, sich eine wunderbar erfolgreiche Zukunft überhaupt vorzustellen. Die auf Tatsachen und Logik und damit auf die Vergangenheit konzentrierte linke Hemisphäre hat der rechten zu folgen, nicht umgekehrt.

Einmal sah ich die Aufzeichnung einer Rede, die Jackie Stewart, der große schottische Rennfahrer und ehemalige Weltmeister seiner Disziplin, bei der Abendesseneinladung einer Werbeagentur hielt. Er sprach über den Zustand der amerikanischen Autoindustrie in den vergangenen Jahren und erwähnte dabei den damaligen Trend zu teuren und luxuriösen Fahrzeugen. Offenbar waren Mercedes, BMW, Porsche und Jaguar in den USA beliebter als die eigenen Autos. Die meisten Amerikaner wünschten sich einen solchen Wagen als Statussymbol.

Zu jener Zeit erforschte eine Firma, die weder aus Europa noch aus Amerika stammte und noch keine Erfahrungen mit diesem Geschäft hatte, diesen speziellen Markt sehr intensiv, denn man wollte selbst darin tätig werden. Das erste Vorhaben war die Entwicklung eines ganz neuen Autos, mit dem man den europäischen Modellen direkt Konkurrenz machen wollte.

Man beschloß, nicht eine ganze Bandbreite von Automodellen herzustellen, sondern nur einen einzigen Typ, ein ganz simples, einfaches Auto. Denken Sie einmal darüber nach! Überlegen Sie, wie die linke Gehirnhälfte mit ihrem logischen, vernünftigen, analytischen Denken dieses Vorhaben wohl betrachtete; bedenken Sie nur, welche Visionen nötig waren, um ein solches Projekt voranzutreiben und aus den Ergebnissen die richtigen Schlüsse zu ziehen. 18 Monate nach seiner Einführung war der Wagen Marktführer in den Vereinigten Staaten, wo er sich besser verkaufte als BMW, Mercedes und Jaguar zusammen.

Was für ein eindrucksvoller Erfolg, dieses Auto. Während ich dies schreibe, ist der Lexus zum beliebtesten Luxuswagen der Welt geworden. Phantastisch! War dieses Ziel realistisch und umsetzbar? Natürlich nicht – zumindest nicht, wenn man es an dem mißt, was die meisten Menschen für realistisch und umsetzbar halten. Ein solches Ziel würde man doch bestimmt als unmöglich, unrealistisch und völlig unerreichbar einstufen. Die zugrundeliegende Vision muß klar und mächtig gewesen sein und die Bemühungen vorangetrieben haben, das Ziel zu erreichen. Jawohl, geplant wurde auch, aber erst nachdem die Phantasie eine Vision entwickelt hatte.

Wir brauchen Pläne, doch ist die wichtigste Voraussetzung zur Verwirklichung eines Ziels das Engagement. Wir neigen dazu, unsere Energie auf die Planungen zu konzentrieren, was vom Standpunkt der dominierenden linken Hirnhemisphäre aus gesehen nur logisch ist. Wenn das Mögliche, Erreichbare und Realistische jedoch so hervorgehoben wird, dann sind die Ziele gewöhnlich bescheiden. Lassen Sie mich dies im einzelnen erklären, denn meiner Meinung nach können Sie mit dem MindStore-System nur dann Erfolge erzielen, wenn Sie dies auch wirklich verstehen.

Komfortzonen

Eine der größten Herausforderungen, mit denen wir bei der Formulierung von Zielen konfrontiert sind, ist die Wirkung der in Kapitel 3 schon erwähnten Komfortzonen, ein Begriff, der ein relativ einfaches psychologisches Modell zur Erklärung menschlichen Verhaltens liefert. Wir alle haben Komfortzonen, und das in allen Bereichen unseres Lebens. Wir tendieren dazu, in diesen Komfortzonen zu bleiben.

Meine eigene Komfortzone ist das Sprechen in der Öffentlichkeit. Ganz gleich, ob mir nur eine Handvoll Menschen zuhört oder ob es Tausende sind, die sich versammelt haben, ich erlebe es als außerordentlich angenehm und befriedigend. Ihre eigenen Komfortzonen liegen vermutlich anderswo. Vielleicht macht es Ihnen keine Mühe, am Computer zu arbeiten, eine Tätigkeit, die ich zum Beispiel lieber anderen überlasse.

In allen Lebensbereichen haben wir unsere Komfortzonen. Ich etwa habe sie als Vater, Manager, Verkäufer, Koch und Ehemann; ich habe sie beim Golfspielen, Malen, Musizieren usw. Mannschaften haben sie, Firmen, Städte und sogar ganze Länder. Haben sich solche Komfortzonen erst einmal entwickelt, sind sie nur schwer zu erschüttern.

Betrachten Sie zum Beispiel Golfspieler. Die, denen dieser Sport gefällt, betreiben ihn besonders gern an schönen Sommertagen, wenn man sich über nichts Gedanken machen muß und einfach nur die schöne Zeit genießt, weit weg von den Sorgen des Alltags. Am neunten Loch zum Beispiel entdeckt ein solcher Golfspieler dann, daß ihm eine ganze Serie von Treffern gelungen ist und er mehr Punkte erzielt hat als je zuvor. Ihm wird klar, daß er nicht nur seinen eigenen Rekord bricht, sondern auch zum besten Spieler des Clubs wird, wenn die Glückssträhne sich fortsetzt. Paradoxerweise ist es jedoch gerade dieser verstärkte Konkurrenzgeist, der Sie aus Ihrer Komfortzone herausholt. Die Folge? Golfer wissen natürlich nur zu gut, wie leicht man danebentrifft und einen Ball in den Bunker schlägt.

Wie oft haben Sie es in anderen Sportarten – zum Beispiel beim Fußball – schon erlebt, daß eine als chancenlos eingestufte Mannschaft in einem Pokalspiel mit einem Tor in Führung ist, etwas, das meist bei Heimspielen vorkommt. Die Fußballer sind dabei, den Favoriten zu schlagen, es sind nur noch wenige Minuten bis Spielende, und plötzlich unterläuft ihnen ein dummer Fehler, und die gegnerische Mannschaft erzielt ein Tor. Der Karpfen hat seine Komfortzone verlassen, um sofort wieder dorthin zurückzukehren.

Die Komfortzone ist bestimmt ein interessantes Modell. Wenn man uns auffordert, mehr zu leisten oder neue Aufgaben zu übernehmen, kann es sein, daß wir uns unbehaglich fühlen und dies lieber vermeiden. Ein im Finanzwesen tätiger Freund spricht vom „Abenteuerspielplatz", den er jenseits der Komfortzone vermutet. Er formuliert es folgendermaßen: „Um erfolgreich zu sein, müssen wir aktiv werden und neue Komfortzonen aufbauen."

Alles deutet darauf hin, daß die Menschen bei dem Versuch, sich in Richtung Abenteuerzone zu bewegen, meist wieder dorthin zurückkehren, wo sie sich geborgen fühlen. Meinem Freund Mike zufolge erzielen Handelsvertreter im ersten Monat oft den Umsatz, den sie sich zum Ziel gesetzt haben. Unmittelbar nach ihrem Erfolg jedoch lassen Antrieb und Einsatz auf einmal nach. Sie nehmen sich dann einen Tag frei oder verbringen ihre Zeit lieber im Büro, statt weiter zu versuchen, das, was sie in einem Monat für erreichbar und realistisch halten, zu übertreffen.

Ich bitte meine Zuhörer gern, über Landstreicher und deren Komfortzonen nachzudenken. Was glauben Sie würde ein Landstreicher tun, würde man ihm einen Haufen 100-DM-Scheine schenken, vielleicht 3.000 DM auf einen Schlag? Würde er zur Bank gehen und das Geld anlegen, oder könnte er nichts anderes tun, als es auszugeben – und das ganz schnell?

Die Herausforderung ist die, daß wir nie ganz sicher sein können, wo unsere Komfortzonen wirklich liegen. Sie erhalten jedoch ein ganz gutes Bild, wenn Sie Ihr Lebensrad erstellen. Louis Tice, Gründer des Pacific Institute in Seattle, meint, Komfortzonen könne man anhand des Selbstbildes bzw. der Selbstachtung und an der gegenwärtigen Realität erkennen. Ihr momentanes Erleben und Ihr Selbstvertrauen in einem bestimmten Lebensbereich zeigen an oder liefern zumindest einen Hinweis darauf, wo sich Ihre Komfortzonen befinden könnten.

Die Macht der Komfortzonen, uns dort zu halten, wo wir sind, ist meiner Meinung nach das größte Einzelhindernis für unsere Entwicklung im allgemeinen und unsere Zielsetzungen und Leistungen im besonderen. Wenn wir uns an der Denkschule des „Realistischen und Erreichbaren" orientieren, wird es uns kaum gelingen, Ziele jenseits unserer gegenwärtigen Erfahrungen zu verwirklichen.

Ein Golfspieler möchte neue Rekorde erzielen, der Bewohner eines 2-Zimmer-Appartements sucht eine 3-Zimmer-Wohnung, und ein Angestellter möchte auf der Karriereleiter einen Schritt nach oben machen und monatlich 6.000 statt 5.000 DM verdienen. Dies alles ist recht vernünftig; durch unser Lebensgepäck und unser logisches Denken erscheint uns der Gedanke, unsere Komfortzone ein wenig zu verlassen, durchaus sympathisch. Dann kommt der Wunsch auf, alles zu durchdenken und zu planen, was uns dann darin bestätigt, daß das Ziel wirklich erreichbar ist. Nun ist jeder glücklich und zufrieden und setzt den eingeschlagenen Weg fort.

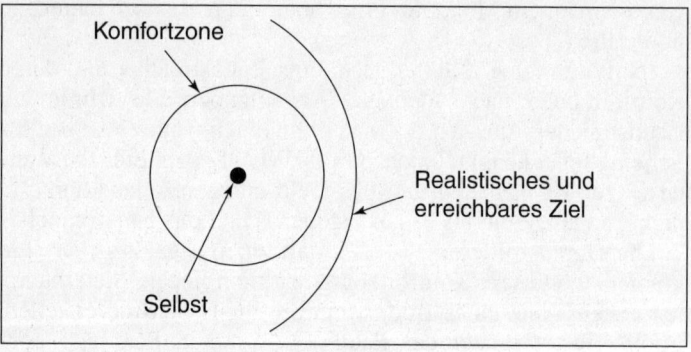

Man unternimmt erste Schritte und wohlgemeinte Anstrengungen und entwickelt auch einen gewissen Enthusiasmus. Bald schon jedoch beginnt man zu zögern und sagt sich „das tue ich morgen" oder „nächste Woche". Am Ende hat sich kaum etwas verändert, und man hat sein Ziel nicht erreicht – doch kann man zumindest sagen, man sei dem Ziel nähergekommen. Auf meinen Reisen habe ich immer wieder die Erfahrung gemacht, daß die, die so vorgehen, kaum jemals etwas erreichen.

Natürlich bin ich bei denen, die sich der „Wissenschaft der strategischen Planung" verpflichtet fühlen, nicht gerade beliebt. Dies gilt vor allem für die ganz großen Firmen und die vielen Unternehmensberater, die ihren Kunden dazu raten, im voraus zu planen und ausgefeilte Modelle und Programme zu entwickeln.

Sie sehen, ich drücke die Dinge gerne einfach aus. Diejenigen, die wirklich erfolgreich sind, kümmern sich offenbar gar nicht um das, was den Planungen und Strategien zufolge „realistisch und erreichbar" ist. Die großen Unternehmer, die Weltmeister im Sport, die Oscar-Preisträger unter den Schauspielern und die anderen großen Künstler faszinieren die meisten Menschen – und ich selbst verschlinge mit Leidenschaft alles, was ich über sie zu lesen bekomme. Ich höre zu, was sie in Talkshows und Interviews zu sagen haben, und versuche natürlich, sie zu treffen, um aus erster Hand zu erfahren, was in ihnen vorgeht.

Dabei entdecke ich dann, daß diese Berühmtheiten auf ihrem Weg nach oben mit den gleichen Schwierigkeiten zu kämpfen hatten wie jeder andere Mensch. Der Erfolg stellt sich nur selten sofort ein. In der Regel sind dafür sehr viel Engagement und Antrieb nötig, und man muß viele Tiefschläge einstecken und Enttäuschungen überwinden. Viele Menschen, die Erfolg haben, erklären dies mit Sätzen wie: „Ich war eben zur richtigen Zeit am richtigen Ort", oder: „Jeder ist seines Glückes Schmied." In den meisten Fällen jedoch gab es bereits in der frühen Kindheit die Vision eines ganz bestimmten Ziels, zusammen mit dem Gefühl: „Ich weiß, ich werde es eines Tages schaffen." Da dies bei praktisch allen Erfolgsgeschichten anzutreffen ist, muß es auch irgendwie von Bedeutung sein. Vor lauter Planung und Vorbereitung kommen jedoch viele Menschen gar nicht dazu, eine Vision zu entwickeln.

Zu meinen größten Freuden zählt es, ins Kino zu gehen, und viele der großen Filme haben mich, wie bestimmt auch Millionen andere Menschen, stark beeinflußt. Einer meiner Lieblingsfilme ist *Der Club der toten Dichter* mit dem genialen Robin Williams in der Hauptrolle, dessen Aufforderung, den Tag anzupacken, zum Leitspruch meiner Seminare geworden ist. Mit Freuden sehe ich mir Oscar- und Nobelpreisverleihungen im Fernsehen an – wobei mich vor allem die Interviews mit den Preisträgern nach der Verleihung interessieren, denn sie bringen meist das gleiche Erfolgsrezept zutage. Al Pacinos Dankesrede im Jahr 1993, als er den Oscar für seine Darstellung eines Blinden in *Der Duft der Frauen* erhalten hatte, zählt zu dem Besten, was ich je gehört habe. Mit dem, was er über seine bescheidene Herkunft und seinen Glauben an sich selbst sagte, beeindruckte er mich zutiefst.

Nie werde ich vergessen, wie Whoopi Goldberg, als sie 1990 den Oscar erhielt, erzählte, daß sie davon ihr ganzes Leben lang geträumt habe. Die meisten erfolgreichen Menschen hegen meiner Meinung nach solche Träume. Ist dies bemerkenswert – oder gar wichtig? Es ist UNBEDINGT NOTWENDIG! Ihr Gehirn braucht eine Vision für die Zukunft. Sehen wir uns die Bedeutung dieser Aussage doch einfach aus der Nähe an. Wenn Whoopi Goldberg wirklich ihr ganzes Leben lang davon geträumt hatte, einen Oscar zu gewinnen, muß sie schon als kleines Kind damit begonnen haben. Betrachten wir einmal die Tatsachen. Whoopi Goldberg ist schwarz. Jawohl, schwarz. Warum ich Sie darauf aufmerksam mache? Nun, weil vor ihr überhaupt erst zwei Farbige jemals einen Oscar gewonnen hatten. Ich halte dies natürlich für ganz entsetzlich, doch so scheint nun mal die Realität zu sein. Vielleicht ändert sich dies eines Tages – ich hoffe es jedenfalls sehr. Whoopi ist also schwarz und kommt auch nicht, wie manche vielleicht vermuten würden, aus einer reichen oder berühmten Familie. Wenn wir also an ihre Komfortzonen in der Kindheit denken, dann stellen sich ihre gegenwärtige Wirklichkeit und ihr heutiges Selbstwertgefühl so dar:

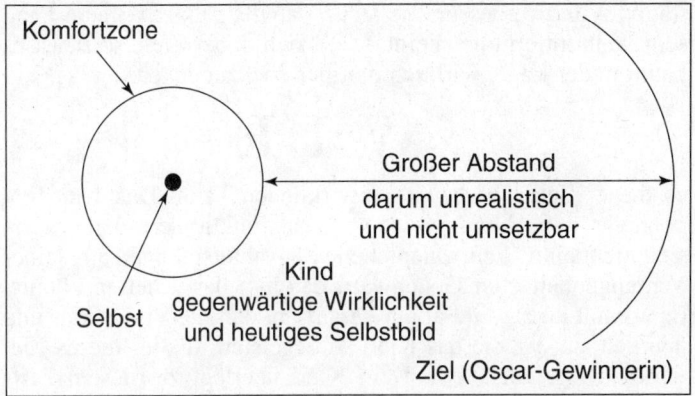

Whoopis Ziel lag nicht schon am Horizont ihrer kindlichen Komfortzone, es war „Millionen Kilometer" entfernt. Wenn man es an dem mißt, was die meisten Menschen für realistisch und umsetzbar halten, war es vollkommen unrealistisch und unvernünftig. Aus der Sicht der großen Mehrheit war es bestimmt kein Ziel, zu dem man raten würde.

Denken Sie darüber nach, was aus Whoopi Goldberg geworden wäre, hätte man ihr in ihrer Kindheit erzählt, sie solle sich realistische, erreichbare Ziele setzen. Keiner von uns hätte jemals von ihr gehört und ihr einmaliges Talent erlebt. Sie hatte jedoch den Mut besessen zu träumen – auf kindliche Weise natürlich, aber voller Engagement. Ich überlasse es Ihnen zu entscheiden, welche Rolle diese Träume und dieses Engagement bei der Verwirklichung solcher Ziele spielen.

Die Geschichte ist voller Beispiele für solche „Ich habe davon geträumt"-Erfahrungen. Was mich dabei jedoch wirklich begeistert, ist etwas, das für die Beziehung zwischen dem Ausgangspunkt, also der Komfortzone, und dem Ergebnis, dem Ziel, von grundlegender Bedeutung ist. Es geht nicht darum, daß das Ziel so weit vom Ausgangspunkt entfernt liegt, daß es unrealistisch und nicht umsetzbar ist. Die wichtigste Beobachtung hierbei ist vielmehr die: Wenn ein Kind von der Zukunft träumt – und vergessen Sie nicht, daß die Zukunft einem Kind sehr weit entfernt erscheint – und sich dabei Ziele setzt, ist es kaum in der Lage, wirklich darüber nachzudenken,

W I E

es diese Ziele überhaupt verwirklichen kann. Das Kind hat noch gar keine Ahnung, wie so etwas funktioniert, denn es besitzt nicht einmal ein Quentchen von Anhaltspunkten aus seiner Vergangenheit oder Gegenwart, das ihm dabei helfen könnte. Es kommt einzig und allein darauf an, daß die Vision klar und deutlich ist, daß sie das Kind so begeistert, daß es dieses Ziel wirklich erreichen will. Kein Kind überlegt zu diesem Zeitpunkt jedoch, welche Schritte dafür notwendig sind.

Die Kraft einer solchen Vision ermöglicht es Kindern, dem Ghetto zu entkommen und Armut, Elend und ähnliche Herausforderungen hinter sich zu lassen, um schließlich irgendwann etwas ganz Phantastisches zu erreichen, sei es nun im Sport, in der Kunst, auf der Bühne, im Film, in Wirtschaft, Politik, Wissenschaft usw. usw. Die einzige Wahrheit ist die, daß das Ziel GROSS ist und Kinder zwar nicht wissen, WIE sie es erreichen können, sich innerlich jedoch ganz darauf konzentrieren und damit genau das tun, was zur Verwirklichung der Ziele notwendig ist. Goethe hatte völlig recht, als er sagte, ein ganzer Strom hilfreicher Ereignisse und Begegnungen, mit denen niemand gerechnet hätte, käme uns zu Hilfe, wenn wir uns für etwas entscheiden.

Neulich verbrachte ich einen Morgen mit Robert Heller, dem Verfasser solch hervorragender betriebswissenschaftlicher Bücher wie *The Super Managers* und *The Super Chiefs*. Er stimmte mit mir darin überein, daß große Visionen unbedingt notwendig sind, und sprach über Japan und seinen unglaublichen wirtschaftlichen Erfolg in der Zeit seit dem Zweiten Weltkrieg. Das Land und seine Wirtschaft waren nach dem Krieg völlig zerstört gewesen. Japan besitzt keine Bodenschätze, während die japanische Sprache weltweit einzigartig ist – das Land hatte also im Grunde nicht viel zu bieten. Dennoch gelang es Japan, mit seinen nach dem Krieg aufgebauten Industrien das Monopol zu durchbrechen, das die großen Konzerne des Westens in diesen Wirtschaftszweigen besaßen. Für die Japaner gab es offenbar nichts, das unmöglich gewesen wäre.

Sie verstehen gewiß, was ich Ihnen hiermit sagen will. Geben Sie sich bitte nicht mit Gedanken ab wie: „Ja, aber man muß doch planen", oder: „Bei Kindern ist das gewiß richtig, doch ich bin erwachsen und habe meine Träume schon lange begraben", oder: „Ich habe eigentlich gar keine Ahnung, was ich mit meinem Leben gerne anfangen würde." Lassen Sie sich von solchen Gedanken nicht irritieren. Dieses Programm hier wird funktionieren, unabhängig von Ihrem Alter, Ihrem Geschlecht und Ihrer gegenwärtigen Situation. Lesen Sie einfach weiter.

Wenn Sie sich nämlich auf den Horizont Ihrer Komfortzone Ziele setzen, geschieht etwas Interessantes.

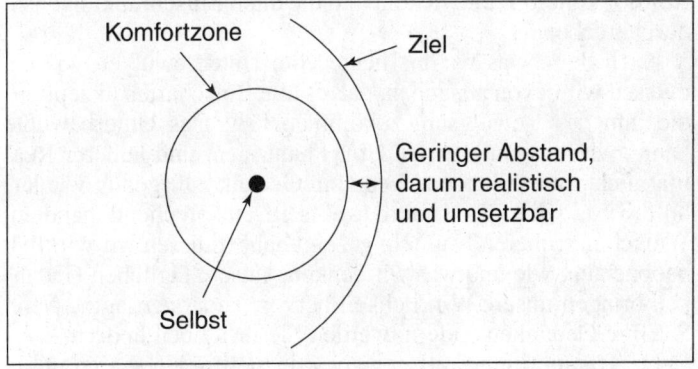

Das Ziel erscheint auf einmal realistisch und umsetzbar zu sein, und Sie können nun planen, was sofort zu tun ist, und sogar einen richtigen Erfolgsplan aufstellen. Offenbar betrachtet und erwägt der bewußte Verstand das Ziel, um es dann vom Blickwinkel des „Lebensgepäcks" aus zu akzeptieren. Das Unterbewußtsein wirft ebenfalls einen Blick darauf, erkennt an, daß das

Ziel möglich ist, und überläßt die Verantwortung für seine Verwirklichung dann dem bewußten Verstand.

Genau hier sind wir gefordert. Der bewußte Verstand neigt
zu Trägheit, er beginnt zu zögern und zu zweifeln, und auch
wenn man genau weiß, was getan werden muß, schiebt man es
hinaus, um es dann nur noch halbherzig in Angriff zu nehmen,
bis das Ergebnis schließlich weit hinter den Erwartungen
zurückbleibt.

Werfen wir einmal einen Blick auf jene, die sich große Ziele setzen, Ziele, die über ihre gegenwärtige Realität und Komfortzone hinausreichen. Die Aussage: „Davon habe ich mein
ganzes Leben lang geträumt" beinhaltet die beständige Wiederholung des Ziels; vielleicht stellt man sich jeden Abend, bevor
man zu Bett geht, die Freuden vor, die einem nach Verwirklichung des Ziels vergönnt sein werden, vielleicht tut man dies
lieber jeden Morgen. Die beständige Wiederholung resultiert
aus der bewußten Entscheidung, im Unterbewußtsein neue
Komfortzonen zu entwickeln und die alten Einschränkungen zu
durchbrechen.

Nach dem, was wir bis heute vom Unterbewußten wissen,
müssen wir davon ausgehen, daß es alle Botschaften akzeptiert,
die ihm das Bewußtsein zukommen läßt. Das Unterbewußte
kann zwischen inneren Bildern, Phantasien, und äußerer Realität nicht unterscheiden. Wenn ein Gedanke oft genug wiederholt wird, wird das Unterbewußtsein entsprechend handeln.
Wie ich in früheren Kapiteln gezeigt habe, müssen wir wirklich
beobachten, wie und was wir denken. Unsere täglichen Gedanken bringen unsere Wirklichkeit hervor. Anders gesagt: „Wenn
Sie Ihre Gedanken ändern, werden Sie Ihr Leben ändern."

Da Träume immer als gegenwärtig stattfindende Ereignisse
erlebt werden, da also jemand, der von einem Erfolg träumt,
diesen im Traum als gerade geschehend sieht, verankert er sich
tief in einer neuen Komfortzone. Wir dürfen annehmen, daß das
Unterbewußtsein die neue Wirklichkeit akzeptiert und an der
gegenwärtigen erkennt, daß beides nicht übereinstimmt. Das
Unterbewußtsein muß dann die Führung übernehmen und die
neue Wirklichkeit herstellen. Es wird Menschen, Orte und

Möglichkeiten dazu bringen, sich vom Leben des Träumers angezogen zu fühlen. Wenn die Vision klar und deutlich ist, erkennt der Betreffende auf einmal, wie viele Gelegenheiten er sonst verpaßt hätte.

Dies ist wirklich spannend, und es sieht fast so aus, als werde das, was zur Verwirklichung dieser Ziele notwendig ist, auf dem Weg nach und nach sichtbar. Gedanken, Handlungen, Beiträge und andere Aspekte dessen, was zu tun ist, werden erscheinen, wenn sie nötig und angebracht sind und die Zeit dafür reif ist – die richtige Zeit. Dies geschieht jedoch nur dann, wenn man immer wieder an die Vision denkt, daran glaubt und sich dafür wirklich einsetzt.

Noch aufregender ist die Entdeckung, daß nächtliche Träume im Schlaf wie auch Tagträume im Wachzustand mit Alpha- und Theta-Gehirnwellen einhergehen. Dabei begeistert mich vor allem die Tatsache, daß diejenigen, die ihre Kinderträume von Ruhm und Reichtum aufgegeben oder solche Ziele überhaupt nie formuliert haben, sich eigentlich kaum Sorgen darüber machen müssen, wie man Träume konsequent beibehalten und verwirklichen kann. Wem es gelingt, sich in den Alpha-/Theta-Zustand zu versetzen, wo es die Dimension der Zeit offenbar gar nicht gibt, der kann Visionen und Phantasien über die Zukunft entwickeln und sicherstellen, daß diese auch in Erfüllung gehen, und zwar schnell.

Ein großer Teil des Erfolges, den mein MindStore-System genießt, ist auf diese Tatsache zurückzuführen. Die Teilnehmer lernen, wie sie mit Hilfe meiner Techniken neue Komfortzonen schaffen und so phantastische Veränderungen in ihrem Leben hervorrufen können – und wenn sie sich für diese Komfortzonen einsetzen, haben sie auch Erfolg. Es ist einfach phantastisch, wenn die Reise dann Früchte trägt und wie durch ein Wunder Menschen, Orte, Möglichkeiten und andere unglaubliche Zufälle angezogen werden.

Ich verbringe nur wenig Zeit damit, über den Plan und den Weg zu seiner Verwirklichung nachzudenken. Statt dessen konzentriere ich mich darauf, mich voll und ganz für meine Vision der Zukunft einzusetzen, eine Vorgehensweise, die ich in allen

Bereichen meines Lebensrads anwende. Sie sehen, wie es mir mit diesem Ansatz gelungen ist, einen eindrucksvollen Stamm angesehener Kunden aufzubauen. Ich bin in der Lage, mir meine Kunden auszusuchen und Menschen kennenzulernen, die den meisten anderen niemals begegnen würden – indem ich ganz einfach das praktiziere, was ich predige.

Die Fähigkeit, sich die gewünschte Zukunft vorzustellen oder auszumalen, hat schon viele Namen erhalten: Kreative Visualisation, Macht des Gebets u.v.a. Vor allem in den Vereinigten Staaten gibt es den Trend, urheberrechtlich geschützte pseudowissenschaftliche Namen zu erfinden für Methoden und Techniken, die als Teil der Funktionsweise des Gehirns eigentlich etwas völlig Natürliches sind. Vielleicht sollte ich an dieser Stelle anmerken, daß ich selbst von der Macht des Gebets überzeugt bin und solche Erklärungen und Deutungen darum problemlos akzeptieren kann. Dennoch vergleiche ich, wie viele andere vor mir, das Gehirn lieber mit einer Rechenmaschine, einem Bio-Computer, und verwende dabei gern den Begriff der Programmierung.

Die Gedanken, die uns beherrschen, neigen dazu, wahr zu werden. In unserem Bio-Computer wirken diese vorherrschenden Gedanken wie ein Programm. Der Computer startet das Programm und sucht dann im Gehirn mit Hilfe des Unterbewußtseins nach dazu passenden Erfahrungen. Während wir uns dann auf unser programmiertes Ziel zubewegen, erscheinen wie durch Zufall Menschen, Orte und Möglichkeiten am Horizont. Erinnern Sie sich noch an meine frühere Aussage, 96 Prozent der Menschen seien ihr Leben lang damit beschäftigt, den übrigen vier Prozent dabei zu helfen, ihre Ziele zu verwirklichen?

Noch Ende Januar 1994 enthielt die *Sunday Times* einen psychologischen Beitrag über die Erkenntnisse von Dr. Jacobo Grinberg, einem Neuropsychologen an der Universität von Mexiko. Seine Befunde legen nahe, daß Menschen sich geistig auf noch unbekannte Weise miteinander verbinden können. „Gehirnwellen können sich miteinander synchronisieren, ohne daß die Betroffenen davon wissen." Grinberg war es gelungen, „erstaunliche Ähnlichkeiten" in den Gehirnwellen von Menschen, die einander sehr lieben, aufzuzeichnen. Er hatte zudem entdeckt, daß diese Ähnlichkeiten nicht geringer wurden, wenn die beiden Partner sich voneinander entfernten. In dem Artikel wurde auch Dr. Peter Fenwick zitiert, Neuropsychologe und Dozent am Londoner Institute of Psychiatry: „Wir wissen, daß wir durch unser Handeln anderen Unglück bereiten können – dies erkennt unsere Kultur an. Wenn der Geist auf irgendeinem Weg jedoch das Gehirn verläßt und die Gedanken eine andere Person direkt beeinflussen, dann ist es noch viel wichtiger, daß wir die Verantwortung für unsere eigenen Gedanken übernehmen."

Es ist nicht leicht, wissenschaftliche Theorien darüber und Beweise dafür zu finden, denn bisher haben sich nur wenige Wissenschaftler auf das Gebiet des menschlichen Geistes gewagt. Ende der 80er Jahre erklärte der damalige US-Präsident George Bush das kommende Jahrzehnt zur „Dekade des Gehirns", da man mit einer Ausweitung der neurowissenschaftlichen Forschungen rechnete. Ich hoffe sehr, daß uns die wissenschaftlichen Arbeiten auf diesem Gebiet zu neuen Erkenntnissen verhelfen werden. In dem von der amerikanischen *Academy of Science* herausgegebenen Buch *Discovering the Brain* („Die Entdeckung des Gehirns") wird James Watson, einer der beiden Entdecker der Doppelhelixstruktur der DNS-Erbsubstanz, mit den Worten zitiert, das Gehirn sei „das komplexeste Ding, das in unserem Universum je entdeckt wurde". Ich bin sicher, daß es der Wissenschaft im Lauf der Zeit gelingen wird, die Geheimnisse des Gehirns mit seinen bis zu 100 Milliarden Zellen oder Neuronen, die jeweils mit etwa 1.000 anderen Zellen durch zweigartige Verschaltungen verknüpft sind, zu enthüllen, und daß wir dadurch zu neuen inneren Erkenntnissen gelangen werden. Man setzt sich ein Ziel, entwickelt eine klare Vision, und das Programm wird ausgelöst. Nach und nach werden andere Menschen angelockt und dazu gebracht, mitzumachen und ihren Teil beizutragen. In seinem 1933 veröffentlichten Buch *Denke nach und werde reich* (deutsche Erstausgabe 1967) meinte Napoleon Hill, alles, was der Geist sich ausdenken und vorstellen könne, könne der Geist auch erreichen.

Ich drücke es gerne so aus: Gedanken sind Dinge. Bisher haben wir nur einige Anhaltspunkte dafür, daß Gehirne ihre elektrische Aktivität aufeinander abstimmen können. So, wie ich es sehe, wird das, was wir denken, überall in unserem Leben sichtbar. Dies mag etwas Negatives sein, oder das positive Ergebnis zielgerichteten Denkens. Wo immer Sie sich jedenfalls aufhalten, sehen Sie sich um und erkennen Sie, daß es nichts gibt, das nicht zuerst ein Gedanke in irgendeinem Gehirn war. Zuerst der Gedanke – dann die materielle Realität. Die rechte Hirnhemisphäre entwickelt eine Vision, und die linke überlegt, wie sich diese verwirklichen läßt – in der Regel geschieht dies dann nach dem Schema Versuch-und-Irrtum.

Kehren wir zurück zu meiner Auffassung von richtigen Zielsetzungen. Um voranzukommen und die Probleme, die es im Leben eines jeden Menschen gibt, zu lösen, ist es unerläßlich, daß wir bei der Verwirklichung unserer Ziele richtig vorgehen. Wichtig ist dabei zuerst die Vision, die Planung steht an zweiter Stelle. Wenn ich durch das Land reise, um die Belegschaften von Firmen oder die allgemeine Öffentlichkeit in meinen MindStore-Techniken zu unterrichten (1993 hielt ich insgesamt 52 zweitägige Seminare ab), lese ich die verschiedensten Zeitschriften. So enthielt das Magazin der Fluggesellschaft British Midlands im September 1993 einen Beitrag über einen gewissen Andrew Cohen, der mit seiner Firma Betterware unglaublich erfolgreich war. 1983 hatte er das bankrotte Unternehmen für 255.000 Pfund gekauft; zehn Jahre später war der Betrieb 250 Millionen Pfund wert. Wie ich es bei jedem wahren Erfolg erwarte, ist auch Cohens Lebensrad ganz offensichtlich im Gleichgewicht: Er engagiert sich leidenschaftlich für seine Firma, doch kommt seine Familie gleichwohl immer an erster Stelle. Mit Hilfe von Übungen sorgt er zudem für sein körperliches und seelisches Wohlbefinden, und er pflegt auch eine Reihe von Hobbys, die ihm sehr viel bedeuten.

Der Artikel nannte vier wichtige Schritte, die Cohen zufolge für jeden geschäftlichen Erfolg unerläßlich sind: Am wichtigsten ist eine klare Vision: „Zuerst müssen wir wissen, wohin wir gehen werden." Cohen arbeitet auch mit einem Dreijahresplan, den er monatlich auf den neuesten Stand bringt. Der Plan ist wichtig, doch steht die Vision an erster Stelle, und dem Artikel war zu entnehmen, daß Cohens Visionen groß waren. Ich werde auf die Bedeutung des Glaubens an anderer Stelle noch einmal zu sprechen kommen.

Ich sage ganz klar, daß man sich Ziele setzen muß, und wenn man dies in einer Weise tut, die sicherstellt, daß man all seine Energien und Anstrengungen darauf konzentriert, dieses Ziel zu erreichen, dann wird man es auch erreichen. Unser Mind-Store-System funktioniert, sonst wären meine Seminare nicht überall im Land so gefragt. Ich wäre bei der Verwirklichung meiner Ziele nicht so erfolgreich, wenn ich nicht das, was ich predige, auch selbst anwenden würde.

Vor kurzem war Muhammed Ali in Glasgow, um seine hervorragende Biographie vorzustellen. Jeder, der sich ihm für ein Autogramm näherte, war von der Energie und der Ausstrahlung dieses Mannes schlicht überwältigt. Millionen von Menschen auf der ganzen Welt hat der große Sportler beeindruckt – darunter ganz besonders mich!

Vor allem in meiner Jugend hatte ich großes Interesse an ihm. Ich weiß noch, wie ich mit meinem Vater zusammen ein Fernsehinterview sah, in dem Muhammed Ali sagte: „Ich bin der Größte." Sie werden sich bestimmt noch daran erinnern. Es war unübersehbar, daß er davon fest überzeugt war; schon zu Beginn seiner Karriere hatte er dies immer wieder ausgesprochen. Beachten Sie, daß er nicht sagte: „Eines Tages werde ich der Größte sein", sondern es statt dessen so formulierte: „Ich *bin* der Größte" – also *jetzt*. Dieser berühmte Ausspruch ist für mich und mein Herangehen an Ziele von größter Bedeutung.

Die meisten Menschen verlegen ihre Träume und Ziele sprachlich in die Zukunft: „Eines Tages werde ich … haben oder tun oder sein." Muhammed Ali jedoch sprach schon in der Gegenwart von sich, als er noch gar nicht der Größte war. Auch Whoopi Goldbergs „davon habe ich mein ganzes Leben lang geträumt" beinhaltet, daß man sich das Ereignis jetzt, in der Gegenwart, vorstellt. Es ist unerläßlich, daß man sein Unterbewußtsein immer wieder an seine Ziele erinnert, um es dazu zu bringen, dafür zu arbeiten, daß das, von dem man sagt, es existiere, auch Wirklichkeit wird.

Der große Sportler teilte auch mit, wie er sich seine Siege im Ring im voraus ausmalte. Er erzählte, wie er sich nach der Unterzeichnung eines Vertrages für einen Boxkampf hinsetzte und sich vorstellte, die Nacht des Kampfes sei gekommen. Mit aller Kraft konzentrierte er sich auf die Phantasie, er sei bereits in jener Stadt und in jenem Stadion und habe den Kampf soeben siegreich beendet. Er stellte sich vor, wie sein Körper mit allen Sinnen diese Nachricht aufnahm und den Ort so erlebte, als sei er jetzt wirklich dort. Nachdem er dies mit aller Klarheit und Deutlichkeit getan hatte, hatte er seine „zukünftige Vergangenheit" geschaffen.

Seine „zukünftige Vergangenheit" umfaßte in allen Einzelheiten, was er zu sehen, riechen, spüren, hören und schmecken erwartete. Hatte er es einmal so erlebt, als sei er tatsächlich dort, dann war es für ihn bereits Geschichte, Vergangenheit, denn er hatte es ja schon durchlebt. Indem er das Programm immer wieder überprüfte, stärkte er seine Leistungsfähigkeit, und jedes Mal, wenn ihm der Kampf einfiel, führte er sich sofort seine „zukünftige Vergangenheit" in allen Einzelheiten vor Augen. Beachten Sie, daß er das Programm nie dadurch sabotierte oder zunichte machte, daß er zweifelnde Gedanken wie „hoffentlich verliere ich nicht" zuließ. Er hatte sich zum Sieg entschlossen und tat nun, was immer dafür getan werden mußte.

In meiner Jugend war Muhammed Ali mein großes Vorbild, und bis heute liebe ich seinen Ausdruck „zukünftige Vergangenheit", ein Begriff, den ich in all meinen Seminaren verwende. Unser Ziel ist es, in unserem Gehirn eine mächtige „zukünftige Vergangenheit" zu verankern, die zu einem Programm in unserem Bio-Computer wird. Wenn wir uns für das Programm engagieren, ohne uns über das WIE allzu sehr den Kopf zu zerbrechen, lösen wir eine Kraft oder Energie aus, die uns zu unserem erstrebten Ziel bringen wird, sofern wir sie nicht mit Selbstzweifeln sabotieren.

Bevor wir die entsprechende MindStore-Technik und das entsprechende Zimmer in unserem Haus am rechten Ufer betrachten, möchte ich noch einmal verdeutlichen, warum es mir so wichtig erscheint, daß wir so denken und dem Wunsch widerstehen, alles im voraus zu planen.

Wenn Sie sich mit der WIE-Frage befassen und beginnen, alles logisch zu planen, rückt das Ziel näher an Ihre gegenwärtige Realität und Ihre momentanen Komfortzonen heran. Das geschieht ganz einfach dadurch, daß man die linkshemisphärischen Fähigkeiten walten läßt, die sich mit der Frage nach dem WIE beschäftigen. Dies wiederum erfordert, daß man sein „Lebensgepäck" und seine vergangenen Erfahrungen betrachtet, um zu entscheiden, was erreicht werden kann und welche Möglichkeiten zur Verfügung stehen. So wird die linke Hirnhälfte dazu veranlaßt, das Ziel in den Bereich des Realistischen und Umsetzbaren zu rücken. Die linke Hirnhemisphäre kann nicht schon im voraus wissen, wie ein Ziel zu erreichen ist, das außerhalb des Realistischen und Umsetzbaren, also jenseits dessen, was gegenwärtig als erreichbar wahrgenommen wird, liegt.

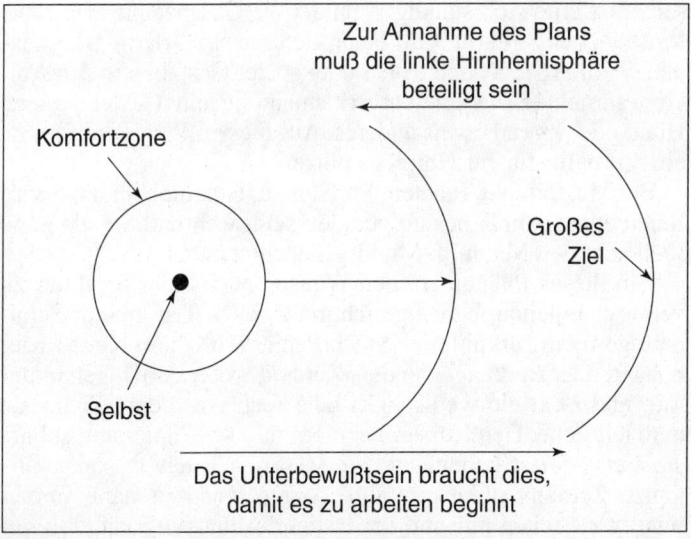

Bevor wir also weitergehen, denken Sie sich GROSSE zukünftige Vergangenheiten aus – denken Sie an dieser Stelle noch nicht über das WIE nach –, es wird sich alles von selbst offenbaren.

Denken Sie daran, daß Einstein die Phantasie für wichtiger hielt als jedes Wissen. Einstein war es auch, der bemerkte, die Dinge, die wirklich zählten, seien nicht zu zählen, während die Dinge, die zählbar seien, nicht wirklich zählten. – Phantastisch!

Gestalt

Einige haben versucht, die Kraft dieses Programmierungsvorgangs mit dem Begriff *Gestalt* zu erklären. Das Unterbewußtsein sucht in der Welt, die uns umgibt, nach einer Gestalt, einer Struktur, um Ordnung in die bestehende Unordnung zu bringen. Hat man eine solche Gestalt erst einmal entdeckt, tut das Unterbewußtsein alles, um sie aufrechtzuerhalten. Betrachten Sie zum Beispiel eine Wolke an einem Sommertag. Die Wolke selbst ist eine sich ständig verändernde Gasansammlung ohne Muster oder Struktur. Um einen tieferen Sinn darin zu erkennen, werden Sie jedoch früher oder später Gestalten in der Wolke wahrnehmen. Vielleicht erkennen Sie ein Gesicht, einen Hund oder irgend etwas anderes. Auf diesem Weg schaffen Sie eine Struktur für Ihr Unterbewußtsein.

Bei Mustern auf Tapeten, Vorhängen, Holzmöbeln usw. wird Ihnen etwas Ähnliches aufgefallen sein, während Sie als Kind vielleicht den Mann im Mond beobachtet haben.

Um dieses Phänomen, den Wunsch nach einer Struktur, zu veranschaulichen, befestige ich am zweiten Tag meiner Seminare gern ein zerknittertes Stück Papier mit einem blauen Klebeband oder Reißnagel an der Wand oder den Vorhängen hinter mir, und zwar ein wenig links oder rechts von dem Punkt, an dem ich stehe. Den Kursteilnehmern fällt das Papier auf, sobald sie sich gesetzt haben, und sie lassen sich davon sogar eine ganze Zeitlang ablenken. Ihre Augen wandern dann immer wieder zwischen mir und der lästigen Ablenkung, die dort gar nicht sein sollte, hin und her. Es kommt erstaunlich häufig vor, daß jemand in der ersten Pause aufsteht, das Papier entfernt und dann vor Erleichterung hörbar seufzt und sich ganz eindeutig wieder besser fühlt. Die Dinge sind nun wieder so, wie sie sein sollten.

Wenn wir, wie Muhammed Ali, innere Monologe regelmäßig dazu einsetzen, positive Vorsätze auf der Stufe der Gegenwart zu formulieren oder, wie Whoopi Goldberg, bestimmte geistige Bilder zukünftiger Vergangenheiten zu überprüfen, dann schafft das Unterbewußtsein bei dem Versuch, eine Ordnung herzustellen, Struktur und Gestalt. Wenn die gegenwärtige Wirklichkeit damit nicht übereinstimmt, muß das Unterbewußtsein die Menschen, Orte und Möglichkeiten finden und den inneren Antrieb wecken, der uns dazu veranlaßt, genau das zu tun, was dafür nötig ist. Phantastisch! Wie immer dies auch geschieht – *„es funktioniert einfach!"*

Wie sollen wir nun vorgehen, wenn wir uns Ziele setzen? Viele Menschen finden es recht schwer, darüber nachzudenken, was sie eigentlich für Ziele haben, wenn sie das erste Mal mit meinem Ansatz konfrontiert sind. Wenn es Ihnen ähnlich geht, brauchen Sie sich aber keine Sorgen zu machen. Es geht Ihnen wie den meisten Menschen – vergessen Sie nicht, daß es gerade vier Prozent sind, die aktiv daran gehen, ihre Ziele zu verwirklichen. Ihr Ausgangspunkt sollte meiner Meinung nach Ihr Lebensrad sein. Beginnen Sie dort und entscheiden Sie sich für die Ziele, die in Ihrem Rad offenbar besonderer Aufmerksamkeit bedürfen.

Denken Sie daran: Wir konzentrieren uns auf das Positive. Bei Zielen geht es immer darum, was man sein, tun oder haben will – nicht darum, was man *nicht* will.

Lassen Sie sich von Überlegungen wie: „Was ist, wenn ich mir das falsche Ziel setze?" nicht verunsichern. Man kann hierbei gar keinen Fehler machen. Es geht nur darum, sich auf ein ganz beliebiges Ziel zu konzentrieren – es können sogar mehrere Ziele sein, doch ich rate Ihnen, sich auf eines zu beschränken. Lernen Sie erst das Gehen, bevor Sie das Rennen in Angriff nehmen, und stellen Sie sich das Ergebnis so positiv wie möglich vor. „Think BIG" nennen dies die Amerikaner, „denke GROSS". Machen Sie sich, wenn ich diese Technik erkläre, keine Sorgen über den damit verbundenen Zeitaufwand; ich werde auf diesen wichtigen Punkt in Kapitel 9 noch einmal zurückkommen.

Die vier Schritte zur Realisierung von Zielen

Es lohnt sich, auf die dem Zielesetzen inhärente Logik hinzuweisen, da unser Ansatz ganz zwangsläufig beide Hirnhemisphären verlangt. Betrachten wir erst die Vorgehensweise der linken Hälfte, bevor wir uns die rechtshemisphärischen MindStore-Techniken näher ansehen. Der Ausgangspunkt ist das Vorhandensein eines Problems – denn für die meisten Menschen besteht das Problem darin, gar kein Ziel zu haben, ohne daß ihnen dies wirklich bewußt wäre. Sagen Sie in diesem Fall, es gebe eine Situation, die verändert oder verbessert werden könne. Hierbei sind die folgenden vier Schritte entscheidend:

Problem

1. Geben Sie es zu und gestehen Sie sich ein, daß Sie ein Problem haben

---

- Hier muß ich zuallererst darauf hinweisen, daß positive Denker das Wort „Problem" möglichst vermeiden zugunsten von Begriffen wie „Herausforderung" oder „Gelegenheit". Eine solche Ausdrucksweise vermittelt dem Gehirn eine positive, richtungweisende Bedeutung, einen Sinn, während „Problem" bedeutet, daß man sich gegenwärtig in einer negativen, eingeschränkten Lage befindet. Löschen Sie also das Programm und nehmen Sie das Wort „Problem" aus Ihrem Vokabular heraus, so, wie ich es schon lange getan habe.
- Sie werden entdecken, daß die Menschen meist problemorientiert und nur sehr selten lösungsorientiert denken. Die

meisten Menschen sind in der Lage, „Probleme" in allen
Einzelheiten zu beschreiben und stundenlang über ihre Rolle und Bedeutung nachzubrüten. Im MindStore-Büro ermuntern wir unsere Mitarbeiter dazu, nicht „Probleme", sondern
„Lösungen", mögliche Auswege, in die Besprechungen zu
bringen. Wenn sie wirklich einmal feststecken, sehen wir uns
einer echten Herausforderung gegenüber.

- Schon das Eingeständnis, daß ein „Problem" existiert, ist eine Herausforderung. Die meisten Menschen glauben, dies
könne viel einfacher sein. Oft suchen wir geradezu nach
Schuldigen, nach anderen Menschen, auf die wir zeigen
können, statt selbst die Verantwortung zu übernehmen. Viele Probleme werden aus Scham- oder Schuldgefühlen immer
wieder unter den Teppich gekehrt.

- An anderer Stelle habe ich erzählt, daß ich früher der Meinung war, man sei dann erfolgreich, wenn man keine Probleme mehr habe. Vor meinem inneren Auge sah ich dabei
Bilder von einsamen Inseln und einem Luxusleben in wär-
meren Breiten. In Wahrheit jedoch gibt es kein Leben ohne
Probleme. Beginnen wir also damit zuzugeben, daß wir sie,
wie alle anderen Menschen auch, in unserem Leben haben,
selbst wenn jeder von uns mit seinen ganz eigenen Schwierigkeiten zu kämpfen hat.

- Das Schuldgefühl, das viele Menschen erleben, wenn sie zugeben, Probleme zu haben, geht meiner Meinung nach auf
die Kindheit zurück. Auf ihr Eingeständnis, „ungezogen"
gewesen zu sein, folgten Krach, Bestrafung oder Beschä-
mung, woraus sie vermutlich den Schluß gezogen haben, es
tue weh, Probleme zuzugeben. Da alle Menschen Schmerz
und Leid vermeiden und statt dessen nach Freude und Bequemlichkeit streben, fällt es den meisten schon schwer,
überhaupt zuzugeben, daß sie ein Problem haben.

- Was halten Sie davon: Wenn Sie das nächste Mal entdecken, daß
Sie in Ihrem Leben ein Problem haben, und die Schuld dafür jemand anderem zuschieben wollen, dann denken Sie daran:

- Ein Finger zeigt nach vorn, einer nach oben, drei weisen
zurück auf Sie. Unsere positive, „phantasiebezogene" Deu-

tung ist die, daß es dafür gute Gründe geben muß. Sie können dabei wachsen und sich weiterentwickeln, deshalb zeigt ein Finger zum Himmel. Drei Finger zeigen auf Sie, weil das Problem zu Ihnen gehört. Sie sind gefordert.

- Nehmen Sie eine Herausforderung an, doch entscheiden Sie sich dafür, sie zu lösen und in Ordnung zu bringen. Lieben Sie sich selbst so sehr, daß Sie es akzeptieren, ein gewöhnlicher Mensch zu sein. Begreifen Sie, daß Leben bedeutet, sich Herausforderungen zu stellen und sie zu bewältigen. Fühlen Sie sich gut und freuen Sie sich über die Gelegenheit, alle Seiten des Lebens kennenzulernen.

Problem

1. Geben Sie zu und gestehen Sie sich ein, daß Sie ein Problem haben.

2. Analysieren Sie es.

- Analysieren Sie Ihr Problem. Finden Sie heraus, wer alles daran beteiligt ist, wann es geschieht, wo es geschieht, wie und warum es geschieht. Konzentrieren Sie sich voll und ganz auf das Problem, mit all seinen Seiten. Vermeiden Sie den Fehler, nur das zu betrachten, bei dem Sie sich gut fühlen. Für den Fall, daß das Problem schmerzt, haben wir in unserem MindStore-System eine Methode, mit deren Hilfe es Ihnen leichter fallen wird.

Problem

1. Geben Sie zu und gestehen Sie sich ein, daß Sie ein Problem haben.

2. Analysieren Sie es.

3. Suchen Sie nach einer Alternative.

- Wir bewegen uns nun vom Problem weg hin zu einer Lösung. Betrachten Sie alternative Verhaltensweisen, Handlungen und Umstände. Wenn wir alle anderen zur Verfügung stehenden Optionen erwägen, dann sagt die Logik uns, daß mindestens eine davon die Lösung sein wird.

Problem

1. Geben Sie zu und gestehen Sie sich ein, daß Sie ein Problem haben.

2. Analysieren Sie es.

3. Suchen Sie nach einer Alternative.

4. Konzentrieren Sie Ihre Energie auf die Lösung.

- Sobald Sie sich für eine Alternative entscheiden, haben Sie Ihre Lösung. Konzentrieren Sie Ihre Gedanken und Handlungen jetzt nur noch auf die Lösung und nicht mehr auf das Problem. Sie haben nun ein Ziel, ein gewünschtes Ergebnis, und damit ist schon alles in Ordnung. Wenn Sie diesen Vorgang jedoch nur auf der Ebene der linkshemisphärischen Beta-Wellen des Wachzustandes anwenden, sind Ihre Chancen gering, neue und kreative Gedanken und Lösungswege zu entwickeln. Sie werden statt dessen im Stadium 2 steckenbleiben, also bei dem Problem. Von größtem Nutzen ist darum eine Vorgehensweise, die beide Hirnhemisphären beteiligt – wie zum Beispiel unser MindStore-System.

Zusammenfassung

1. 96 Prozent der Menschen verbringen ihr ganzes Leben damit, den übrigen vier Prozent bei der Verwirklichung ihrer Ziele zu helfen.
2. Gestalten Sie Ihre Zukunft selbst, anstatt sie von anderen gestalten zu lassen.

3. Setzen Sie sich GROSSE Ziele und widerstehen Sie der Versuchung, diese Ziele durch die Frage nach dem WIE einzuschränken.
4. Konzentrieren Sie sich auf die Vision, damit der Plan sich auf Ihrer Reise zum Ziel von selbst entwickeln kann.
5. Schaffen Sie Gestalt, Struktur, indem Sie Ihre zukünftige Vergangenheit immer wieder überprüfen und dabei gleichzeitig sicherstellen, daß Sie mit Ihrem inneren Monolog Ihren Glauben bestärken, daß Sie es wirklich schaffen werden.
6. Die vier logischen Schritte beim Setzen von Zielen:
   1. Geben Sie zu und gestehen Sie sich ein, daß Sie ein Problem haben.
   2. Analysieren Sie es.
   3. Suchen Sie nach einer Alternative.
   4. Konzentrieren Sie Ihre Energie auf die Lösung.

Der Regieraum

Jawohl, dieses Kapitel handelt von der Einrichtung eines neuen Zimmers in Ihrem Haus am rechten Ufer. Dies ist ein sehr wichtiges Zimmer, denn Sie werden es jeden Tag benutzen, wenn Sie es, wie ich und Tausende andere Menschen, zum Teil Ihres Lebensstils machen.

Wir legen im Geist einen Raum an, der vom zentralen Korridor aus zugänglich ist und Regieraum heißen soll. Wir werden ihn dazu verwenden, Probleme zu lösen und zukünftige Vergangenheiten und Ziele in unserem Leben zu schaffen. Der Raum hat sehr viel Kraft. Es ist darum wichtig, daß er auf Ihren Geist einladend wirkt. Gestalten Sie die Form des Raums, die Höhe der Decke, die Ausstattung, Farbe und Beleuchtung.

Zukunft	Gegenwart	Vergangenheit

An einer der Wände stellen Sie die wichtigsten Werkzeuge auf, während Sie am oberen Ende dieser Wand das anbringen, was wir den „Zeitrahmen" nennen, eine schmale Tafel, die die Wand in drei Teile teilt. Auf der mittleren Tafel erscheint das gegenwärtige Datum, das Datum der Tage, an denen Sie diesen Raum betreten. Die rechte Tafel vor Ihrem inneren Auge ist für vergangene Daten, die linke für zukünftige. Der Grund für diese Strukturierung der Zeit ist simpel. Ich werde ihn weiter unten erläutern.

Hängen Sie nun als nächstes drei riesige Kinoleinwände unter den Zeitrahmen. Die Leinwand in der Mitte ist für die Gegenwart, die linke für die zukünftige Vergangenheit, die rechte für Aufzeichnungen aus Ihrer Vergangenheit.

	Datum	

Zukünftige Vergangenheit	Jetzt	Vergangene Aufzeichnungen

Stellen Sie gegenüber der mittleren Leinwand einen bequemen Sessel auf, einen Regisseursessel, denn Sie werden nun zum Regisseur Ihres eigenen Lebensfilms. Neben dem Sessel brauchen Sie noch einen Projektor und eine handliche Fernbedienung zum Steuern der einzelnen Filme und Leinwände. Bevor ich Ihnen erkläre, wie der Regieraum zu verwenden ist, möchte ich Ihnen die Anordnung der Leinwände näher erläutern.

Da das vegetative Nervensystem von der linken Hirnhemisphäre aus die rechte Körperseite steuert und umgekehrt, glaube ich, daß Sie, wenn Sie die Leinwände in dieser Anordnung aufstellen, Ihr Denken wie folgt verbessern werden: Die rechte Leinwand steht für Ihre vergangenen Erfahrungen und wird dazu verwendet, ein Problem zu analysieren. Da dies ein linkshemisphärischer Vorgang ist, liegt es nahe, daß die linke Gehirnhälfte über das vegetative Nervensystem beteiligt und damit Ihre Fähigkeit zur Analyse gestärkt wird, wenn Ihre Augen nach rechts blicken. In gleicher Weise regen Sie Ihre rechtshemisphärische Kreativität an und versetzen sich so in die Lage, Ihre Zukunft mit Hilfe Ihrer Phantasie zu gestalten und Lösungen für Ihre Probleme zu finden, wenn Sie nach links schauen.

Diejenigen unter Ihnen, die sich mit dem Neurolinguistischen Programmieren (NLP) befaßt haben, werden bemerken, daß es hier einen Widerspruch gibt zwischen Augenbewegungen und optischem, akustischem und kinetischem Denken. Anderen wird dieser Widerspruch nicht auffallen. Wenn Sie mehr über dieses faszinierende Thema erfahren wollen, dann empfehle ich Ihnen Anthony Robbins' Bestseller *Grenzenlose Energie* (vor allem Kapitel 8), ein Buch, zu dessen Lektüre ich allen Teilnehmern meiner Kurse rate. Wenn es Ihnen gelingt, MindStore mit Robbins' Methoden zu kombinieren, werden Sie meiner Meinung nach bei allem, was Sie tun, unschlagbar sein.

NLP hat bewiesen, daß die Augenstellung der großen Mehrheit der Menschen von der Art ihrer Gedanken abhängt. Dies läßt sich beobachten, wenn jemand optische, akustische oder emotionale Reize erhält. Ich möchte darauf nicht im einzelnen eingehen, doch möchte ich genausowenig diejenigen Leser verwirren, die NLP kennen. Wenn jemand an ein optisches Bild denkt, wird er seine Augen höchstwahrscheinlich nach links oben bewegen, was meiner Anordnung der Leinwände in unserem Regieraum widerspricht. Meine Entgegnung darauf ist sehr einfach und ziemlich unwissenschaftlich. Diese Augenstellung wird beobachtet, wenn die Augen geöffnet sind und verstärkt Hirnwellen produziert werden. Unsere Technik jedoch wird mit geschlossenen Augen bei verminderter Hirnwellenfrequenz angewandt, und auf der Leinwand unseres Regieraums werden wir mit unseren Sinnen nicht nur optische Reize wahrnehmen, wir werden auch hören, riechen, schmecken, tasten und fühlen.

Mit dieser Anmerkung am Rande möchte ich sicherstellen, daß den NLP-Anhängern unter meinen Lesern nicht die kraftvollen Wirkungen des Regieraums entgehen. Vielleicht wird die Wissenschaft eines Tages herausfinden, warum diese Leinwände funktionieren – und daß sie *einfach funktionieren*, kann ich Ihnen garantieren. Sie werden es selbst entdecken.

Das Programmieren der zukünftigen Vergangenheit

Diese MindStore-Methode funktioniert wie folgt: Immer, wenn Sie eine Herausforderung zu bewältigen haben oder sich ein Ziel setzen möchten, dann nehmen Sie sich Zeit, setzen sich hin und entspannen sich. Sie werden entdecken, daß es Ihnen kaum nützt und zu neuen Ideen verhilft, wenn Sie sich übermäßig sorgen und dadurch eine hohe Beta-Wellen-Frequenz haben. Betreten Sie Ihr Haus am rechten Ufer mit der Standard-Eingangsroutine. Denken Sie daran, daß Ihre Kreativität ganz natürlich fließt und so zu Problemlösungen führt, wenn Sie sich entspannen und zum Stumpfsinn des täglichen Lebens auf Distanz gehen.

Nehmen Sie eine imaginäre Dusche in Ihrem Konditionierungsstudio und betreten Sie dann Ihren Regieraum über den zentralen Korridor. Es empfiehlt sich, direkt nach dem Hineingehen an die Anordnung des Raums zu denken: die drei Leinwände, den Zeitrahmen, den Regisseursessel, den Projektor und die Fernbedienung. Setzen Sie sich im Geiste in den Regisseursessel und projizieren Sie dann mit Hilfe der Fernbedienung Ihre gegenwärtige Situation oder Ihr momentanes Problem auf die mittlere Leinwand. Es geht hierbei darum, daß Sie es zugeben und zulassen, ein Problem zu haben. Wenn Sie dies tun, werden Sie feststellen, daß alles viel einfacher sein könnte. Vielleicht möchten Sie andere für Ihr Problem verantwortlich machen, oder negative Gefühle steigen in Ihnen auf. Es hilft Ihnen möglicherweise, die Fernbedienung zu nehmen und die Intensität der auf die Leinwand projizierten Sinne zu vermindern. Sie können zum Beispiel das Bild verkleinern und so eine Distanz dazu herstellen, wodurch Sie ein Gefühl von Kontrolle erhalten und sich von dem Bild nicht mehr so sehr bedroht fühlen; Sie werden nun eher in der Lage sein, sich das Problem einzugestehen und es anzunehmen. Auf diese Weise lassen sich auch Töne, Sinneseindrücke und ganz besonders Gefühle „feinabstimmen".

Projizieren Sie dann auf die rechte Leinwand Ihre Vergangenheit, um Ihre Situation intensiver erforschen zu können. Überprüfen Sie zum Beispiel, ob die Herausforderung zuvor schon aufgetreten ist, wo dies geschah, wer daran beteiligt war usw. Es geht an diesem Punkt darum, ehrlich zu sich selbst zu sein; der ganze Vorgang wird Ihnen wesentlich leichter fallen, wenn Sie ehrlich zu sich sind. Sie werden neue Einsichten gewinnen und die Probleme, denen Sie sich gegenübersehen, aus einem neuen Blickwinkel betrachten. Sobald Sie glauben, daß Sie geistig nun genügend konzentriert sind und Ihre gegenwärtige Situation akzeptieren können, kehren Sie zur mittleren Leinwand zurück.

Projizieren Sie nun noch einmal Ihre gegenwärtige Situation auf die mittlere Leinwand, doch nehmen Sie dann die Fernbedienung und schalten Sie alle Sinne zurück, bis auf der mittleren Leinwand nur noch ein weit entfernter Punkt zu sehen ist. Drücken Sie nun den Löschknopf Ihrer imaginären Fernbedienung, und der Punkt wird verschwinden. Nun gibt es die Herausforderung nicht mehr, Sie haben das Programm aus Ihrem Bio-Computer gelöscht.

Gehen Sie nun zur linken Leinwand über und gestatten Sie es Ihrem Geist, zukünftige Vergangenheiten, also Lösungen, zu schaffen und zu überprüfen. Ist das gewünschte Ergebnis auf dieser Leinwand klar und deutlich zu erkennen, dann verankern Sie es, so wie Mohammed Ali es tat, in Ihrem Gehirn. Fragen Sie sich vor allem, was Sie sich von der Verwirklichung Ihres Ziels versprechen. Sie werden entdecken, daß es Ihnen leichter fällt, eine Beziehung zu dem Bild zu bekommen, wenn Sie es intensivieren, also auf der Leinwand vergrößern und damit näher heranholen. Machen Sie das Bild heller, bis es in strahlendem weißen Licht leuchtet – halten Sie das Bild genauso fest. Tun Sie das gleiche mit den übrigen Sinnen, jedoch wohlüberlegt – was erwarten Sie, zu hören? Wie werden Sie sich vor allem fühlen? Konzentrieren Sie sich auf die Gefühle, die der Erfolg in so einem Fall auslöst.

Sie werden nun eine zukünftige Vergangenheit haben, doch wie Muhammed Ali müssen Sie ihr Kraft verleihen, damit in Ihrem Gehirn die notwendige Gestalt entsteht. Verstärken Sie das Bild, die Töne und Gefühle, indem Sie sich regelmäßig an Ihr Programm erinnern. Es ist wichtig, daß Sie sich nicht weiter den Kopf über die Zukunft zerbrechen, wenn Sie Ihre zukünftige Vergangenheit erst einmal am richtigen Platz haben. Blicken Sie jetzt nur noch auf die Zukunftsleinwand zur Linken und nie mehr auf die Leinwand in der Mitte oder auf der rechten Seite.

Sie werden den Erfolg, den Sie in Ihrer zukünftigen Vergangenheit sichergestellt haben, wie die Rille einer Vinylschallplatte in Ihr Gehirn einprägen. Diese Art der Programmierung funktioniert, die Gestalt wird sich herausbilden, und alle Arten von Ereignissen werden sich, so wie von Goethe angedeutet, entfalten. Wie durch Zufall werden Sie Menschen, Orte und Gelegenheiten anziehen.

Sie müssen sich jedoch völlig darüber im klaren sein, wie das Ergebnis aussehen soll, denn nur so *funktioniert* es. Achten Sie also auf die Einzelheiten. Ich weiß noch, wie ich mir vor Jahren vorstellte, ich würde mit meiner Lieblingsfußballmannschaft *Celtic* in Parkhead arbeiten. Mein Leben lang war ich ein Fan dieses Clubs, und immer habe ich davon geträumt, Spieler und Vereinsführung kennenzulernen und ihnen meine Techniken zu zeigen. Ich möchte in diesem Zusammenhang darauf hinweisen, daß ich in vielen Bereichen des Sports ausgiebig gearbeitet und dabei auch viele berühmte Sportler kennengelernt habe. Zu jener Zeit jedoch hatte ich noch gar keinen Kontakt zu Sportlern und hielt meine Ziele darum für „unrealistisch" und „nicht umsetzbar".

Ich programmierte meine Zukunftsleinwand so, daß ich darauf die Umkleideräume, das Spielfeld, die Zuschauertribüne und die ganze Aufregung des großen Spiels sehen konnte. Ich muß zugeben, daß ich ganz einfach annahm, es sei die *Celtic*-Mannschaft, die hier spielte, denn es war das Parkhead-Stadion; ich konzentrierte meinen Geist jedoch nicht wirklich darauf, die *Celtic*-Spieler auf der Zukunftsleinwand zu sehen und zu hören. Einige Jahre später hatte ich es dann geschafft: Ich fuhr mit den Spielern im Mannschaftsbus, wir brachten unsere Sachen in den Umkleideraum, ich wärmte mich mit den Fußballern auf dem geheiligten Rasen auf und kehrte mit ihnen in den Umkleideraum zurück, als die ersten Zuschauer auf der Tribüne Platz nahmen.

Nachdem der Trainer das bevorstehende Spiel noch einmal durchgesprochen hatte, begannen die Spieler und ich, ein siegreiches Match zu programmieren. Um fünf vor drei kam der Schiedsrichter herein und kontrollierte die Schuhe der Sportler.

Unter dem tosenden Jubel der Menge liefen dann beide Mannschaften auf das Spielfeld. Mein Programm war nun endlich wahr geworden, ich war in Parkhead für ein *Celtic*-Spiel – doch ich arbeitete mit *Dundee United*!

Achten Sie auf die Einzelheiten, wenn Sie programmieren – *„es funktioniert einfach!"*

Das Gehirn will ein bestimmtes Ziel in allen Einzelheiten sehen, damit es genau erkennen kann, welche Schritte zu seiner Verwirklichung nötig sind. Sie werden selbst merken, daß Sie sich ein Ziel besser ausmalen können, wenn Sie an alle Einzelheiten denken und das gewünschte Ergebnis ganz genau definieren. Ihr Unterbewußtsein braucht ein anschauliches optisches Bild, um aktiv zu werden. Sie werden entdecken, daß intensive Gefühle Ihnen dabei helfen, Ihre Aufmerksamkeit auf Ihre zukünftige Vergangenheit zu konzentrieren.

Denken Sie daran, daß es der richtige Weg ist, sich GROSSE Ziele zu setzen, ohne allzusehr darüber nachzudenken, wie diese erreicht werden können. An dieser Stelle müssen Sie Ihre Energie darauf konzentrieren, Ihr Unterbewußtsein davon zu überzeugen, daß die zukünftige Vergangenheit bereits eingetroffen ist.

Lassen Sie mich eine weitere Geschichte aus meiner Arbeit mit Sportlern erzählen. Während der Olympischen Spiele 1988 in Seoul sah ich mit meiner Frau Norma die Fernsehübertragung des 10.000-Meter-Laufs der Frauen an. Als Brite und ganz besonders als Schotte hoffte ich darauf, Liz McColgan würde gewinnen. Wir schrien vor Aufregung, als Liz um Längen in Führung lag. Sie würde die Goldmedaille ganz bestimmt gewinnen – es war phantastisch.

Da gelang es der Russin Bonderenko, aufzuholen und immer näher an Liz heranzukommen, bis die beiden Frauen auf den letzten Metern schließlich Kopf an Kopf lagen. Beide kämpften mit aller Kraft um den Sieg, doch leider schob sich Bonderenko dann an Liz vorbei und schoß als erste ins Ziel. Voller Enttäuschung überquerte Liz die Linie als zweite – der Gewinn der Silbermedaille war zwar eine große Leistung, doch schien Liz am Boden zerstört zu sein.

Kurz und gut, noch auf der Bahn wurde Liz vom Fernsehen interviewt. Auf dem Video spielte man die entscheidenden letzten Minuten noch einmal ab, und man sah, wie die Russin sich Liz näherte und diese dann über ihre Schulter blickte. Der Reporter fragte Liz, warum sie dies getan habe, und Liz erklärte nun der Welt, sie habe gespürt, sie werde verlieren, wenn es der Russin gelinge, sie zu überholen. Mit aller Kraft habe sie versucht, noch ein klein wenig mehr Energie aus sich herauszuholen, um das Zielband zu erreichen, doch es sei ihr nicht gelungen.

Ich werde jenen Augenblick nie vergessen – Gedanken, die Wirklichkeit werden, sind meine Leidenschaft. Ich wandte mich Norma zu und sagte: „Ich muß Liz McColgan treffen." Beide schlossen wir die Augen und programmierten, wie ich Liz unter vier Augen bei ihr zu Hause unterrichtete. Denken Sie daran: *„Es funktioniert einfach."* Kaum ein Jahr später hielt ich einen Kurs in der Zweigstelle einer Versicherungsgesellschaft in Dundee ab, als mich plötzlich einer der Teilnehmer beiseite nahm und sagte, er kenne jemanden, dem diese Vorgehensweise nützen würde. Wenn ich wolle, werde er versuchen, ein Treffen zu arrangieren.

Zu meiner übergroßen Freude war dieser Mann ein sehr guter Freund von Liz und Pete McColgan. Eine Woche später besuchte ich die Sportlerin in ihrem Heim, und eine enge Freundschaft begann. Ich habe selten so nette Menschen getroffen wie Liz und Pete, und ihr Engagement für diesen Sport ist einzigartig. Liz ist meiner Meinung nach ein Vorbild an Entschlossenheit. Als sie die Weltmeisterschaft in Tokio gewann, in einem Lauf, den viele zu den Höhepunkten der Sportgeschichte zählen, war ich sehr stolz darauf, diese großartige Frau zu kennen.

Sie sehen: *„Es funktioniert einfach."* Kümmern Sie sich nicht um das WIE, sondern setzen Sie sich einfach für Ihre Vision ein. Sie können und müssen die Leinwände dazu benutzen, sich für absolut alles zu programmieren. Wir programmieren uns sowieso alle die ganze Zeit. Wer an einem trüben, naßkalten Morgen aufsteht, auf dem Weg zur Arbeit in einem Stau steckenbleibt und sich dann sagt: „Das ist wieder ein Sch…tag heute", programmiert sich für einen schlechten Tag. Das Unterbewußte wird in diesem Fall dazu gezwungen, das Bewußtsein auf das zu konzentrieren, was nicht so zu laufen scheint, wie es sollte. Natürlich wird so jemand dann die vielen positiven Dinge, die die Umgebung immer bereithält, gar nicht mehr wahrnehmen.

Ich programmiere alles. Dies hier zum Beispiel schreibe ich an einem Samstag morgen. Am Nachmittag habe ich vor, meine Söhne und ihren Großvater zu einer Ausstellung in die Stadt mitzunehmen. Wir freuen uns alle schon darauf, das Programm läuft also schon. Für den Abend haben Norma und ich einen Tisch in einem der besten Restaurants von Glasgow gebucht. Sie können sich darauf verlassen, daß wir nicht einfach hingehen und unsere Plätze einnehmen werden. Wir werden zuvor beide unseren Regieraum besuchen und auf unserer Zukunftsleinwand einen phantastischen Abend programmieren.

Ich programmiere alles – und erreiche damit das, was ich mir in meinem Leben wünsche. Wenn das Programm einmal nicht funktioniert, was gelegentlich vorkommt, dann reagiere ich so: „Phantastisch! Dafür muß es einen guten Grund geben." Ich akzeptiere es einfach und gehe weiter. Denken Sie darüber nach. Wie oft in Ihrem Leben geschieht etwas, das Sie zutiefst enttäuscht? Vielleicht ist es für Sie ein großer Rückschlag, vielleicht haben Sie einen Job nicht bekommen oder irgendwelchen Anforderungen nicht genügt. Wenn Sie jedoch später darauf zurückblicken, werden Sie erkennen, daß danach etwas Besseres geschah und daß die Enttäuschung zu jener Zeit das Beste war, was Ihnen geschehen konnte.

Da wir uns in unserem Regieraum nicht mit dem WIE befassen, sondern mit dem gewünschten Ergebnis in all seinen Einzelheiten, ist es unerläßlich, daß wir beim Programmieren die richtige Einstellung haben.

Wunsch, Glaube und Gewißheit

Der Geist hat keine Beschränkungen außer denen, die wir ihm selbst setzen.

Frei nach Napoleon Hill

Wenn Sie einmal mit dem Programmieren beginnen und die ersten Ergebnisse sehen, werden Sie Napoleon Hills große Wahrheit verstehen: Es sind nur unsere Gedanken, die uns einschränken. Dies ist der Grund dafür, warum wir unseren Zielen keine Grenzen setzen sollten. Die wichtigste Voraussetzung dafür ist der massive WUNSCH, das erstrebte Ziel zu erreichen. Nichts kann geschehen, wenn der WUNSCH nicht vorhanden ist, denn er ist die Quelle der Energie, die uns zu unserem Ziel führt. Es ist der WUNSCH, der das Zögern überwindet, die Trägheit durchbricht und uns die Dynamik verleiht, die wir brauchen.

Je größer Ihr WUNSCH ist, das Ziel zu verwirklichen, desto wahrscheinlicher ist es, daß Sie es erreichen. Sie müssen das, was in Ihrem Leben geschieht, wirklich wollen. Sie werden entdecken, daß Sie einen starken WUNSCH aufbauen können, wenn Sie Ihren Geist auf die Vorteile konzentrieren, die die Verwirklichung Ihres Ziels Ihnen einbringt. Ich rate Ihnen nachdrücklich, diese Vorteile aufzuschreiben; Sie finden sie, wenn Sie darüber nachdenken, warum Sie ein bestimmtes Ergebnis in Ihrem Leben wollen. Wenn Sie Ihre zukünftige Vergangenheit auf der linken Leinwand immer wieder betrachten, werden Sie Ihrem WUNSCH innere Stärke verleihen, vor allem, wenn Sie sich über die Einzelheiten Ihres Ziels im klaren sind.

Jeder, der erfolgreich ist, weiß, daß es ohne Hürden, Enttäuschungen und Rückschläge keinen Erfolg gibt, und manchmal möchte man auf dem Weg dorthin am liebsten aufgeben. Wenn das Ziel jedoch groß genug ist, lohnt es sich, diesen Preis zu zahlen. Wenn Sie an sich selbst zweifeln und Ihr Glaube schwach wird, ist es Ihr WUNSCH, der Sie durchhalten läßt. Wenn Sie das Ziel, das Sie sich setzen, nicht wirklich anstreben, dann haben Sie ganz einfach kein Ziel. Jeder erfolgreiche Mensch, den ich traf, wollte das angestrebte Ziel mehr als alles andere in der Welt.

Wenn Sie Ihre Trägheit überwunden und genügend Energie gesammelt haben, um Ihr Ziel in Angriff zu nehmen, ist zum erfolgreichen Abschluß des Unternehmens eine weitere Voraussetzung nötig. Sie müssen daran GLAUBEN, daß Sie es erreichen können und werden. Auch diese unabdingbare Voraussetzung erfüllen Sie dadurch, daß Sie Ihre zukünftige Vergangenheit immer wieder betrachten. Wenn Sie dies tun, paßt Ihr Unterbewußtsein Ihre Komfortzone an ein höheres Niveau an, und wenn Sie das Niveau einmal erreicht haben, wird dies ganz zwangsläufig Ihren inneren GLAUBEN daran stärken, daß Sie das erstrebte Ziel verwirklichen werden. Sie können Ihren Geist auf diesen GLAUBEN konzentrieren, indem Sie aufschreiben, warum Sie das Ziel, das Sie sich gesetzt haben, verdienen.

Schließlich brauchen Sie noch ein Gefühl von GEWISSHEIT darüber, daß das gewünschte Ergebnis auch eintreten wird. Sie wissen es einfach und erwarten, daß es geschieht. Sie wissen, Sie sind auf dem richtigen Weg, vorausgesetzt, Sie tun das, was dafür getan werden muß, mit einem Gefühl absoluter GEWISSHEIT. Denken Sie beim imaginären Programmieren Ihrer Zukunftsleinwand daran, daß das, was Sie dort sehen, hier und jetzt, in diesem Moment, geschieht. Um GEWISSHEIT zu erlangen, müssen Sie das, was auf der linken Leinwand geschieht, bedingungslos als Ihr eigenes Ziel akzeptieren.

Sollten Sie Ihr Ziel einmal nicht erreichen, genügt es meist, diese drei Voraussetzungen (WUNSCH, GLAUBE und GEWISSHEIT) zu überprüfen. Wenn jemand unterwegs aufgibt, dann ist vermutlich eine dieser drei Voraussetzungen zu schwach oder fehlt ganz. Ich empfehle Ihnen darum, immer wieder Ihren WUNSCH, Ihren GLAUBEN und Ihre GEWISSHEIT zu überprüfen, um festzustellen, ob Sie noch auf dem richtigen Weg sind. Muß eine dieser drei Voraussetzungen noch ein wenig gestärkt werden, dann konzentrieren Sie sich geistig darauf. Ist Ihr WUNSCH zu schwach, dann betrachten Sie noch einmal die Vorteile, die Ihnen vergönnt sein werden. Ist es der GLAUBE, dann machen Sie sich von neuem klar, daß Sie die erstrebten Vorteile wirklich verdient haben. Fehlt es Ihnen an GEWISSHEIT, dann überprüfen Sie, ob Sie Ihre Ziele wirklich als die Ihren akzeptiert haben und sie auf Ihrer Zukunftsleinwand in allen Einzelheiten hier und jetzt wahrnehmen.

Sie werden schon ahnen, daß ich ein vollständiges System besitze, mit dessen Hilfe sichergestellt werden kann, daß alle notwendigen Schritte eingeleitet wurden. Zuvor jedoch ein Wort zur Warnung: *Achten Sie sorgfältig darauf, Ihre Ziele für sich zu behalten.* Teilen Sie Ihre Ziele nur dann anderen mit, wenn Sie sicher sind, daß sie Sie unterstützen werden, daß sie Ihnen wohlgesinnt sind und sich mit Ihnen über Ihren Erfolg aufrichtig freuen. Dies ist unbedingt notwendig, denn schon mancher hatte einen Traum und erlebte dann, wie Angehörige, Freunde oder Kollegen ihm alle Energie und allen Antrieb nahmen, weil sie die Wahrheit dessen, was auf diesen Seiten hier geschrieben steht, nicht verstehen konnten.

Denken Sie daran, daß auch andere Menschen ihre Komfortzonen haben, und das auch in der Beziehung zu Ihnen. Wenn Sie anderen ausführlich erklären, was Sie zu tun, sein oder haben beabsichtigen, werden diese logischerweise gar nicht in der Lage sein, Sie zu verstehen, vor allem, wenn es sich um GROSSE Ziele handelt. Man lacht vielleicht über Sie oder regt sich auf, weil man fürchtet, denjenigen, den man gegenwärtig liebt und schätzt, zu verlieren, oder weil man jeden Gedanken daran, man könne aus der Masse herausragen, von vornherein abtut. Vor allem am Anfang wird Ihr eigenes Unterbewußtsein den Regieraum am liebsten vermeiden wollen, weil es weiß, daß es funktioniert – und wirklich: *„Es funktioniert einfach."* Ihr Unterbewußtsein würde die Welt am liebsten so behalten, wie sie gerade ist, selbst wenn es die schlechteste aller denkbaren Wirklichkeiten ist. Dennoch müssen Sie Ihr Unterbewußtsein dazu veranlassen, tätig zu werden.

Ihre Freunde und Angehörigen wollen nicht, daß Sie Erfolg haben, weil sie im tiefsten Inneren wissen, daß sie ihr eigenes Leben genauso ändern könnten, dies aber nicht wollen. Wenn

Sie sich nun verändern, halten Sie den anderen damit einen Spiegel vor, der ihnen diese unangenehme Wahrheit zeigt – und wie werden die anderen sich fühlen, wenn sie sich Ihrem Wachstum nicht anschließen?

Gehen Sie bei all dem behutsam vor. Es gibt keinen liebevolleren und mitfühlenderen Weg, anderen zu helfen, als den, selbst Fortschritte zu machen. Den anderen wird diese Veränderung hin zum Positiven auffallen. Sie werden Ihre Energie und Ihr Engagement bewundern und dadurch veranlaßt werden, sich zu fragen, was da wohl gerade mit Ihnen geschieht. Im Lauf der Zeit werden die anderen erkennen, daß Ihr Weg der richtige ist, weil Sie damit Erfolg haben. Die Chancen stehen gut, daß die anderen sich an Ihnen dann ein Beispiel nehmen, weil sie sich ebenfalls weiterentwickeln wollen.

Eine Vision ist etwas, das niemand anderes sehen kann.

Anita Roddick

Gehen wir nun in das Haus am rechten Ufer und legen diesen wunderbaren Raum an – unseren Regieraum. Im nächsten Kapitel werden wir dann im einzelnen untersuchen, wie Sie mit Hilfe dieses Zimmers alle Bereiche Ihres Lebens ganz phantastisch beeinflussen können.

Übung 5 – Der Regieraum

Setzen Sie sich bequem in einen Stuhl, schließen Sie die Augen und atmen Sie ruhig und gleichmäßig. Wir beginnen nun, unseren Geist zu konzentrieren und unseren Körper zu entspannen, bis wir ein gesundes Wohlbefinden hergestellt haben. Wenn ich die einzelnen Körperteile nenne, dann konzentrieren Sie wieder Ihre Gedanken darauf und versuchen Sie, sich dort zu entspannen.

Atmen Sie tief ein und entspannen Sie sich … atmen Sie ein weiteres Mal tief ein und entspannen Sie sich … atmen Sie noch einmal tief ein und entspannen Sie sich …

Meine Kopfhaut ist entspannt, ich fühle, wie meine Kopfhaut sich entspannt … Meine Stirn ist entspannt, ich spüre,

wie meine Stirn sich entspannt … Meine Augenlider sind
entspannt, ich spüre, wie meine Augenlider sich entspannen … Mein Gesicht ist entspannt, ich spüre, wie mein Gesicht sich entspannt … Meine Zunge ist entspannt, ich spüre,
wie meine Zunge sich entspannt … Mein Kiefer ist entspannt, ich spüre, wie mein Kiefer sich entspannt … Mein
Hals ist entspannt, ich spüre, wie mein Hals sich entspannt …
Meine Schultern sind entspannt, ich spüre, wie meine Schultern sich entspannen … Meine Arme und Hände sind entspannt, ich spüre, wie meine Arme und Hände sich entspannen … Mein oberer Rücken ist entspannt, ich spüre, wie
mein oberen Rücken sich entspannt … Mein Brustkorb ist
entspannt, ich spüre, wie mein Brustkorb sich entspannt …
mein unterer Rücken ist entspannt, ich spüre, wie mein unteren Rücken sich entspannt …
Mein Bauch ist entspannt, ich spüre, wie mein Bauch sich
entspannt … Meine Hüften sind entspannt, ich spüre, wie
meine Hüften sich entspannen … Meine Schenkel sind entspannt, ich spüre, wie meine Schenkel sich entspannen …
Meine Knie sind entspannt, ich spüre, wie meine Knie sich
entspannen … Meine Waden sind entspannt, ich spüre, wie
meine Waden sich entspannen … Meine Knöchel sind entspannt, ich spüre, wie meine Knöchel sich entspannen …
Meine Zehen sind entspannt, ich spüre, wie meine Zehen
sich entspannen … Meine Fußsohlen sind entspannt, ich
spüre, wie meine Fußsohlen sich entspannen … Meine Fersen sind entspannt, ich spüre, wie meine Fersen sich entspannen …
Atmen Sie tief ein und entspannen Sie sich …
Ich stelle mir nun vor, ich sei an einem ganz besonderen Ort
der Entspannung … ich glaube fest daran, daß ich dort
bin … ich gönne mir einen kurzen Moment, um dies alles
voll und ganz zu genießen (etwa 30 Sekunden).
Atmen Sie tief ein und entspannen Sie sich … Ich stelle mir
nun vor, ich stünde am Ufer eines Flusses … der Fluß ist hinter mir, und vor mir erstreckt sich eine wunderschöne Landschaft …

Ich spüre das frische grüne Gras unter meinen Füßen … der Himmel über mir ist blau, und die Luft riecht nach frischem Gras … ich höre die Klänge der wunderschönen Landschaft vor meinen Augen …

Ich betrete nun mein Haus mit dem roten Dach durch die Eingangstür … und laufe in meine Eingangshalle, am Symbol meines Potentials vorbei in mein Konditionierungsstudio …

Gleich werde ich in meiner Dusche stehen und alles Negative und die ihm zugrundeliegenden Denkmuster fortspülen …

Ich betrete nun mein Badezimmer und drehe die Dusche auf, damit die imaginäre Reinigung beginnen kann … ich spüre, wie das warme Quellwasser durch mein Haar und über jeden Zentimeter meines Körpers fließt, meine geistige Erschöpfung fortspült und dadurch meine Lebensenergie wiederherstellt …

Ich stelle mir nun vor, wie helles Sonnenlicht in mich hereindringt … und meine schädlichen und mich einschränkenden Einstellungen, vor allem meine negativen Gedanken, herausfiltert und herauswäscht …

Ich stelle die Dusche ab und verlasse das Badezimmer, trocken und voller positiver Erwartungen …

Gleich werde ich meinen Regieraum gestalten. Vom zentralen Korridor aus führt eine Tür in diesen Raum … Ich werde dieses Zimmer dazu benutzen, meine Probleme zu lösen und mir Ziele zu setzen …

Ich verlasse nun mein Konditionierungsstudio und betrete meinen zentralen Korridor. An den Wänden hängen Bilder von Momenten in meiner Vergangenheit, wo ich Großartiges geleistet habe … Ich lege nun den Raum an, der meinen Regieraum beherbergen wird … Ich lege nun seine Größe und die Höhe der Decke fest … Nun die Dekoration, die Farben und die Beleuchtung … An eine der Wände hänge ich gleich unter der Decke einen Zeitrahmen für die Daten der Programmierung … Unterhalb des Zeitrahmens stelle ich drei riesige Kinoleinwände an die Wand: Die in der Mitte ist für das Jetzt, die linke ist für meine zukünftige Vergangenheit, die rechte für meine vergangenen Erfahrungen …

Gegenüber der mittleren Leinwand stelle ich nun einen Regisseursessel auf … Nun einen Projektor und eine handliche Fernbedienung zur Steuerung der Leinwände … Zum Setzen meiner Ziele und zur Lösung meiner Probleme werde ich Bilder auf die Leinwände projizieren …

In Zukunft werde ich es zugeben und akzeptieren, daß ich einer Herausforderung gegenüberstehe, die ich verändern möchte, indem ich die gegenwärtige Situation auf die mittlere Leinwand projiziere … Die Leinwand meiner Vergangenheit auf der rechten Seite dient mir zur Analyse … Mit Hilfe der Fernbedienung kann ich dann zur mittleren Leinwand zurückkehren und Bild, Ton und Gefühle so weit herunterschrauben, daß nur noch ein Punkt übrigbleibt … Ich stelle mir dann, wenn nötig, vor, ich würde einen Löschknopf betätigen, mit dem das Programm völlig von der Leinwand entfernt wird … Auf der linken Leinwand, der Leinwand meiner Zukunft, werde ich die Alternativen betrachten, bevor ich mich dann für die Option entscheide, die ich zu dieser Zeit in meinem Leben wirklich haben will … Ich mache das Bild größer und größer und bringe es immer näher an mich heran, bis ich es schließlich in strahlendem weißen Licht festhalte … Ich habe nun meine zukünftige Vergangenheit kreiert …

Durch die regelmäßige Überprüfung meiner zukünftigen Vergangenheiten auf der linken Leinwand werde ich meinen Wunsch, das erstrebte Ziel zu verwirklichen, und meinen Glauben daran, daß mir dies gelingen wird, ebenso stärken wie meine Gewißheit, daß ich dazu in der Lage bin …

Nun ist mein Regieraum fertig … Ich werde ihn dazu verwenden, in meinem Leben diejenigen Menschen, Orte und Gelegenheiten anzuziehen, die ich zur Verwirklichung meiner Ziele benötige …

Ich verlasse nun mein Haus und kehre zum Flußufer zurück … ich spüre das frische grüne Gras unter meinen Füßen … Ich werde jetzt gleich von eins bis sieben zählen, um ganz allmählich aus diesem gesunden Zustand tiefer Entspannung herauszukommen …

Eins … zwei … drei … vier … nun ist die Hälfte überschritten. Wenn ich die Augen öffne, werde ich körperlich
und geistig hellwach und voll neuer Energie sein … fünf, ich
beginne nun, meinen Körper auf das Ende der Entspannung
einzustellen … sechs, ich bereite mich darauf vor, meine Augen zu öffnen … und sieben, ich öffne meine Augen und bin
nun körperlich und geistig hellwach.

Zusammenfassung

1. Die mittlere Leinwand steht für das Jetzt, die linke für Ihre
   zukünftigen Vergangenheiten, die rechte für Ihre vergangenen Erfahrungen.
2. Achten Sie darauf, Ihre zukünftigen Vergangenheiten in allen Einzelheiten zu programmieren.
3. Betrachten Sie nach einer Programmierung nie mehr Ihre
   vergangenen Erfahrungen, sondern konzentrieren Sie sich
   nur noch auf Ihre zukünftige Vergangenheit.
4. Gewöhnen Sie sich an, alles, was Ihnen wichtig ist, zu programmieren. Nehmen Sie sich qualitativ hochwertige Entspannungsperioden und erproben Sie auf Ihrer Zukunftsleinwand im Geiste die angestrebten Ziele.
5. Entwickeln Sie bezüglich Ihrer Ziele einen starken Wunsch,
   einen starken Glauben und eine starke Gewißheit.
6. Gehen Sie sehr vorsichtig vor, wenn Sie Ihre Ziele anderen
   mitteilen wollen. Achten Sie dabei vor allem auf deren Komfortzonen und Erwartungen.

Das Programmieren des Tages/ Das Nachtbuch

Die MindStore-Techniken *funktionieren einfach*. Vergessen Sie jedoch nicht, daß Sie gern in Ihrer Komfortzone bleiben und daß Ihr Unterbewußtsein nicht wirklich will, daß Sie sich verändern. Auch wenn Sie spüren, daß Sie mit Hilfe dieser Methoden Erfolg haben werden, werden Sie wahrscheinlich merken, daß Sie gerne zögern und die Dinge hinausschieben. Man hört oft, die größte Herausforderung auf dem Weg zur Verwirklichung eines Ziels sei der erste Schritt: Das Setzen des Ziels, also das Erkennen und Formulieren dessen, was man will. Der letzte Schritt ist einfach, und die Reise dazwischen ist spannend, doch müssen Sie mit dem ersten Schritt beginnen.

Zur Verwirklichung Ihres Ziels ist es unerläßlich, daß Sie die Disziplin aufbringen, Ihre zukünftige Vergangenheit immer wieder zu überprüfen. Dies ist eigentlich recht leicht, denn Sie müssen sich nur richtig dafür engagieren, doch kann dies auch ziemlich mühsam sein. Ich bin jedoch fest davon überzeugt, daß Sie Ihr Ziel erreichen werden, wenn Sie einmal beschlossen haben, es in Angriff zu nehmen. Es ist dann alles nur noch eine Frage der Zeit.

In den vielen Jahren meiner Tätigkeit als MindStore-Seminarleiter habe ich immer wieder Menschen getroffen, die schon früher einmal an meinen Kursen teilgenommen haben. Natürlich erkundige ich mich dann, wie es ihnen geht, und wenn ich ein „Ach, ganz gut, danke" zur Antwort bekomme, weiß ich sofort, daß derjenige die MindStore-Methoden gar nicht praktiziert, weil er sie nicht richtig verstanden hat. Es fällt ihm nicht einmal auf, welche Sprache er verwendet, doch schwärmt er gleichwohl davon, wie gut die Methoden funktionieren. Der „Erfolg" besteht dann meist aus einfachen und unmittelbaren Programmierungsergebnissen, wie einem vergnüglichen Samstagabend, dem Finden eines Parkplatzes in einer geschäftigen Innenstadt, dem Ergattern des besten Tischs in einem beliebten Restaurant oder dem guten Eindruck, den man bei einem wichtigen Treffen hinterläßt. So jemand erkennt gar nicht, daß es bei diesen Techniken darum geht, sie in den wirklich wichtigen Lebensbereichen anzuwenden und dort Erfolg zu haben.

Ob derjenige es einsieht oder nicht, er ist zum Opfer seiner Komfortzone geworden. Ich bin davon überzeugt, daß wir alle den Erfolg fürchten und die Veränderung scheuen. Aus diesem Grund verzichten viele auf wirkliches Wachstum und geben sich damit zufrieden, leistungsfähige Methoden zu besitzen, mit deren Hilfe sie sich umgehend kleine Erfolge und Belohnungen gönnen können.

Sie werden verstehen, daß ich im Lauf der Jahre immer enttäuschter auf diese Art von Reaktion reagierte. Natürlich gibt es zahlreiche Menschen, die ihr Leben dank dieser Techniken grundlegend geändert haben und jetzt sehr erfolgreich sind, doch können wir alle ohne Ausnahme noch viel, viel mehr erreichen. Ich habe mich also darangemacht, eine tägliche Routine zu erarbeiten, mit deren Hilfe man seinen Tag strukturieren und sicherstellen kann, daß die Programme so laufen wie gewünscht. Es hat mich einige Zeit gekostet, doch ich bin sicher, daß Sie mit diesem System nun garantiert die Ergebnisse erzielen werden, die Sie sich erhoffen. Alles, was Sie dazu brauchen, ist ein wenig Disziplin.

Diese MindStore-Methode besteht aus zwei wichtigen Bestandteilen: der Programmierung des Tages und dem Nachtbuch. Betrachten wir zuerst die Programmierung des Tages, denn diese liefert den Treibstoff, der Sie voranbringt. Das Nachtbuch, das wir später besprechen werden, ist Ihr Fahrzeug.

Wenn Sie einmal verstanden haben, daß all dies funktioniert, und es zu einem Teil Ihres Lebensstils machen, werden Sie, genauso wie ich, entdecken, daß Sie sich gar nicht mehr vorstellen können, einen Tag zu beginnen, ohne ihn erst zu programmieren. Das Programmieren wird für Sie so alltäglich werden wie das Zähneputzen oder das Kämmen – Sie müssen es einfach tun, denn sonst fühlen Sie sich nicht gut. Das Spannende dabei ist, daß die Programmierung des Tages wirklich funktioniert, und daß sie bis spät in die Nacht hinein anhält.

Das Programmieren des Tages

Beginnen Sie nun Ihren Tag damit, daß Sie morgens 15 Minuten früher aufstehen als gewöhnlich, und tun Sie dies konsequent jeden Tag. Die im nächsten Kapitel erläuterte Technik wird Ihnen das frühere Aufstehen erleichtern. Ich empfehle Ihnen, erst zur Toilette zu gehen und sich danach bequem auf das Bett zu setzen, Ihr Haus am rechten Ufer zu betreten, eine imaginäre Dusche zu nehmen und dann sofort in Ihren Regieraum zu gehen. Denken Sie immer an Aufbau und Ausstattung dieses Raums, damit Ihr Unterbewußtsein weiß, daß Sie sich ans Programmieren begeben. Ihr Unbewußtes wird sich dann aufmerksam auf das konzentrieren, was folgt.

Projizieren Sie nun auf die mittlere Leinwand ein Bild des Tagesablaufs, wie Sie ihn sich vorstellen. Konzentrieren Sie sich und gehen Sie den erwarteten Stundenplan Punkt für Punkt durch. Achten Sie darauf, auch private Aktivitäten wie Abendeinladungen bei Freunden oder Verwandten nicht zu vergessen. Lassen Sie auf der mittleren Leinwand den Terminkalender für den vor Ihnen liegenden Tag erscheinen, wie zum Beispiel:

	Datum	
	9:00 ▭	
	10:30 ▭	
	11:30 ▭	
	1:30 ▭	
	3:00 ▭	
	5:00 ▭	
	7:00 ▭	

Nehmen Sie dann den ersten Tagesordnungspunkt, ganz gleich, um was es sich dabei handelt, blicken Sie auf die rechte Leinwand (die der Vergangenheit) und versuchen Sie, sich so lebhaft wie möglich daran zu erinnern, wann Sie das letzte Mal eine solche Art von Tätigkeit erfolgreich durchgeführt haben. Durchleben Sie das Ganze noch einmal. Es geht hier darum, zu erkennen, daß Sie ein erfolgreicher Mensch sind, und natürlich jenen Teil des Gehirns zu aktivieren, wo all dies abgespeichert ist. Dies wird Ihr Selbstvertrauen und Ihre Erfolgserwartungen stärken.

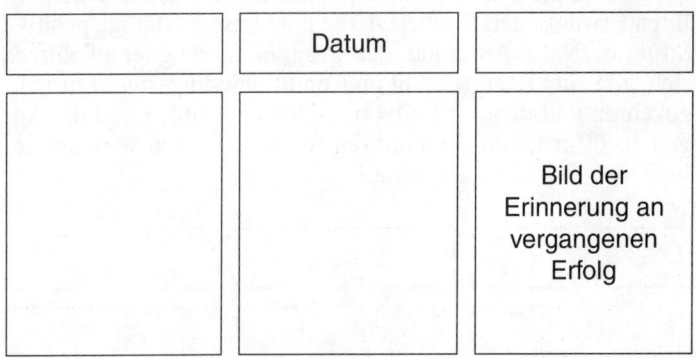

Achten Sie darauf, wie die mittlere Leinwand an Bedeutung verliert, wenn Sie Ihre ganze Energie darauf konzentrieren, auf die rechte Leinwand zu schauen und sich an frühere Erfolge zu erinnern.

Nun folgt der entscheidende Schritt: Blicken Sie auf die Zukunftsleinwand und stellen Sie sich die Ereignisse des Tages genauso vor, wie Sie sie wünschen. Denken Sie daran, sich nicht mit dem WIE zu befassen, sondern sich das bestmögliche Ergebnis auszumalen. Wenn Sie einmal, wie Mohammed Ali, eine anschauliche zukünftige Vergangenheit geschaffen haben, dann halten Sie das gewünschte Ergebnis in strahlend weißem Licht auf der Leinwand fest. Jetzt haben Sie dieses Ereignis programmiert.

Beachten Sie, daß die anderen beiden Leinwände, die mittlere und die rechte, leer sein müssen, wenn Sie dem strahlend hellen Bild Ihres erwarteten Ziels die größtmögliche Aufmerksamkeit widmen wollen.

Wiederholen Sie diesen Vorgang für jeden anderen Tagesordnungspunkt in genau der gleichen Weise, bis Sie Ihren gesamten Tag programmiert haben. Dies kann zehn bis 15 Minuten dauern, doch ist dieser Zeitaufwand von unschätzbarem Wert. Wenn Sie dies jeden Morgen tun, beginnen Sie Ihren Tag schon mit einer qualitativ hochwertigen Entspannungsperiode, noch bevor der Tag wirklich begonnen hat. Sie geben außerdem Ihren Erwartungen für diesen Tag eine leistungsfähige positive Struktur. Nach Abschluß der Programmierung empfiehlt es sich, erst zum Energiestrahl im Konditionierungsstudio zurückzukehren und dann von eins bis sieben zu zählen und die Augen zu öffnen. Auf diesem Weg feiern Sie einen wirklich gelungenen Tag schon im voraus.

	Datum	
Zukünftige Vergangenheit Bild des angestrebten Ziels		

Das Geheimnis besteht darin, dies zum Teil Ihres Lebens zu machen. Vielleicht denken Sie jetzt, daß Sie morgens viel zu wenig Zeit haben, um so etwas zu tun. Vergessen Sie nicht, daß ich Sie gebeten habe, morgens künftig immer 15 Minuten früher aufzustehen, damit Sie genug Zeit zur Programmierung Ihres Tages haben. Wenn Sie jedoch befürchten, andere zu stören, müssen Sie eine Alternative suchen – vielleicht ein anderes Zimmer oder die Intimität Ihres eigenen Inneren, wenn Sie auf dem Weg zur Arbeit etwas Zeit in öffentlichen Verkehrsmitteln zubringen. Sollten Sie Ihre äußere Umgebung nicht kontrollieren können, dann programmieren Sie sich am Arbeitsplatz. Der beste Ort dafür ist jedoch zweifellos das Bett, und zwar gleich nach dem Erwachen. Versuchen Sie es doch einfach und beobachten Sie, wie der von Ihnen programmierte Tag sich entwickelt.

Natürlich kommt es manchmal auch zu Überraschungen und Enttäuschungen. So ist das Leben nun einmal. Sie werden jedoch entdecken, daß Sie sich durch so etwas jetzt nicht mehr so leicht ins Bockshorn jagen lassen. Denken Sie daran, die richtige Reaktion darauf ist: „Phantastisch! Dafür muß es einen guten Grund geben." Da Sie nun lösungsbezogen vorgehen und Probleme sozusagen willkommen heißen, können Sie solche Herausforderungen ganz einfach bewältigen und dann zu anderen Dingen übergehen.

Das Programmieren des Tages ist ein unerläßlicher Bestandteil des MindStore-Systems. Es ist der erste Schritt auf Ihrem Weg zum Ziel. Wenn es Ihnen gelingt, jede Tätigkeit des Tages im voraus zu programmieren, dürfen Sie sich auf einen wunderschönen Tag voller garantierter Erfolge freuen. *„Es funktioniert einfach!"*

Sie werden staunen, wie scheinbar ganz von selbst Menschen, Orte und Gelegenheiten in Ihr Leben treten und dafür sorgen, daß Ihr Tag gelingt, daß das Programm eintrifft wie gewünscht. Ich rate Ihnen dazu, im Verlauf des Tages dennoch immer wieder qualitativ hochwertige Entspannungsperioden einzulegen, vor allem vor den ganz wichtigen Ereignissen des Tages. Mit körperlichen Entspannungsübungen können Sie die Folgen von Streß lindern und Ihre Energien erneuern. Wenn Sie Ihre zukünftige Vergangenheit immer wieder überprüfen und das bevorstehende Ereignis auf Ihrer Zukunftsleinwand im Geist erproben, werden Sie fähig sein, all Ihre körperlichen und geistigen Fähigkeiten zu aktivieren und mit größtem Selbstvertrauen Ihr Bestes zu tun, um das angestrebte Ziel zu erreichen.

Das Nachtbuch

Das System des Nachtbuchs gewährleistet wirkliche Veränderungen. Es baut Selbstvertrauen auf und stärkt den Glauben daran, daß Sie es können und daß Sie es erreichen werden. Diese lebenswichtige Methode stellt sicher, daß sowohl Ihr Bewußtsein als auch Ihr Unterbewußtes ganz auf das konzentriert sind, was vor Ihnen liegt. Es erfordert zwar etwas Zeit, das Nachtbuch anzulegen, denn es ist einer der umfangreichsten Bestandteile des MindStore-Systems. Sie werden jedoch merken, daß Sie an dieser Arbeit großen Spaß haben und nach erfolgreichem Abschluß des Unternehmens von dem, was Sie erreicht haben, schlicht überwältigt sein werden. Sie werden sich als jemand ganz Besonderer fühlen, weil Sie nun zu jenen vier Prozent gehören, die ihre Ziele wirklich schriftlich festhalten – und in Ihrem Fall werden die zu Papier gebrachten Details und die Klarheit Ihrer dort vermerkten Gedanken von geradezu unschätzbarem Wert sein.

Ich werde nun das komplette Nachtbuchsystem Schritt für Schritt beschreiben und dabei erklären, wie Sie es selbst anlegen können. Einige der Schritte sind absolut notwendig, andere bilden so etwas wie die Sahne auf dem Kuchen – nicht wirklich notwendig, aber eine Ergänzung, auf die man ungern verzichtet. Ich kann Ihnen versichern, daß alles überprüft und erprobt wurde, mit dem Ergebnis: *„Es funktioniert einfach."*

ZUBEHÖR

Sie benötigen:

- ein großes Ringbuch oder einen Aktenordner
- leeres Papier im Format A4
- Zugang zu einem Fotokopierer
- einen Stift und ein Lineal
- eine Schere
- Zeitschriften und Broschüren
- einen Papierkleber

Was Sie nun zusammenbauen werden, ist Ihr persönliches Eigentum, und ich rate Ihnen dringend, dieses Buch niemandem zu zeigen, es sei denn, Sie sind sich völlig sicher, daß derjenige Ihre Ziele unterstützt und sich mit Ihnen für Ihre Erfolge freut.

Kaufen Sie sich zuerst ein großes Ringbuch (am besten einen richtigen Aktenordner). Es sollte ein ganz neues Ringbuch sein, und Sie sollten sich die Mühe machen, es ganz persönlich von Ihrem eigenen Geld zu kaufen. Der Entschluß dazu ist eine Warnung an Ihr Unterbewußtsein, daß Sie es wirklich ernst meinen. Da es hierbei um Ihre Zukunft geht, sollten Sie zu dem verwendeten Ringbuch bisher keine Beziehung gehabt haben. Ich rate zu einem Aktenordner, weil diese gewöhnlich größer und geräumiger sind und auf dem Fußboden oder im Regal von selbst stehenbleiben, ohne umzufallen.

Zur Unterteilung des Nachtbuchs in einzelne Abschnitte können Sie auch einen Satz Registereinlagen oder farbige Trennblätter kaufen. Farbige Ringbucheinlagen, mit denen jeder Abschnitt des Buchs eine andere Farbe erhält, vergrößern die optische Anziehungskraft des Inhalts. Nützlich, wenngleich nicht unbedingt notwendig, sind auch Filzschreiber verschiedener Farben. Bei der Formulierung von Zukunftsplänen ist es ratsam, sich selbst im bestmöglichen Licht darzustellen, und wer wirklich große Veränderungen anstrebt, braucht ein Buch, das nach blühendem Wohlstand aussieht, nicht nach pfennigfuchserischer Knauserigkeit. Stellen Sie sich jedenfalls vor, Sie müßten das fertige Buch anderen zeigen; ich bin sicher, Sie wären gerne stolz auf das, was Sie geleistet haben und was Sie für die Zukunft erwarten dürfen.

Suchen Sie nun einen Fotokopierer und ziehen Sie die untenstehenden Blätter ab. Ein Kopiergerät wird Ihnen die Arbeit erleichtern, doch Sie können die einzelnen Seiten auch per Hand zusammenstellen, wenn Ihnen das lieber ist. Was Sie auch tun, es wird das richtige sein.

ABSCHNITT 1 – DAS LEBENSRAD

Sie brauchen insgesamt sechs Seiten mit dem Lebensrad, da es sich empfiehlt, die Fortschritte, die man macht, alle zwei Monate anhand des Lebensrads zu überprüfen. Sie stellen dabei auch sicher, daß Sie sich im Gleichgewicht befinden und einem bestimmten Lebensbereich nicht zuviel Energie und Aufmerksamkeit widmen.

Wenn Sie also Ihr Lebensrad erstellen, werden Sie erkennen können, wo in Ihrem Leben Sie sich zu dieser Zeit befinden.

Lebensrad

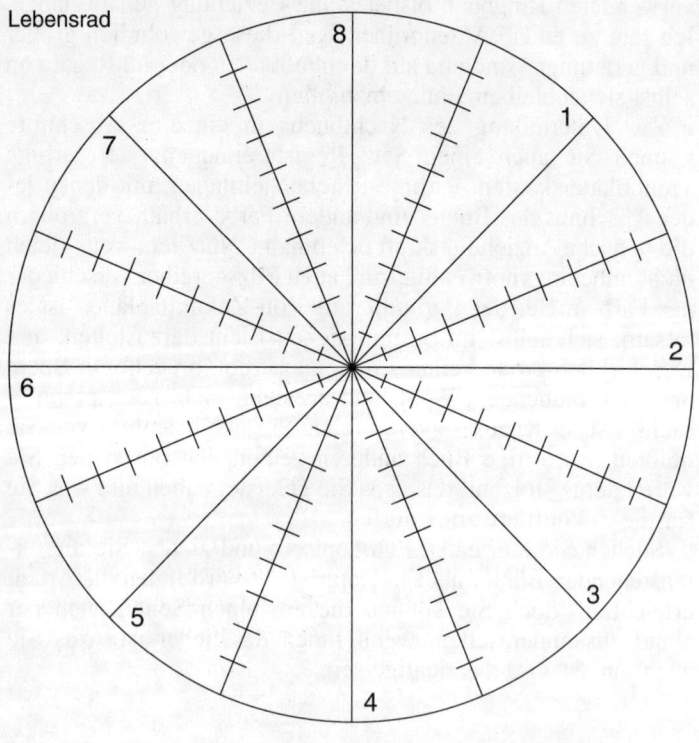

Datum:_____

Sie werden Ihre Ziele formulieren müssen, und dabei ist es ratsam, zuerst seine aktuellen Stärken und Erfolge anzuerkennen.

ABSCHNITT 2 – DIE DANKBARKEITSLISTE

Es ist unbedingt notwendig, daß Sie sich als ganz besonderer Mensch schätzen und anerkennen. Sie besitzen ja schon ganz besondere Fähigkeiten und haben viel geleistet, wie an den Bildern in Ihrem zentralen Korridor zu erkennen ist. Ich empfehle Ihnen, sich selbst auf die Schulter zu klopfen, indem Sie all das aufschreiben, wofür Sie im Augenblick dankbar sind. Vergessen Sie nicht, wie leicht es ist, sich selbst herabzusetzen. Betrachten Sie also ausführlich Ihre momentane Lage und schätzen Sie, wer und was Sie sind. Es ist wichtig, daß Sie die Reise zu Ihrem Ziel genießen. Setzen Sie diese Liste darum fort, wenn sich die ersten Erfolge einstellen und Sie vorankommen.

Für diese Liste genügen meist einige Blätter.

ABSCHNITT 3 – DIE ELIMINIERUNGSLISTE

Wenn Sie sich geistig darauf vorbereiten, einer wunderbaren, strahlenden Zukunft entgegenzugehen, müssen Sie erst die Vergangenheit voller Freude loslassen. Es ist erstaunlich, wieviel positive Energie sich dadurch erzeugen läßt, daß man mit einer Art innerem „Großputz" Raum schafft für Neues. Dieses Neue wird dann auch ganz schnell in Ihr Leben treten, wenn Sie dort erst einmal Platz dafür geschaffen haben, und diejenigen, die dies tun, genießen es, denn es macht großen Spaß, und Sie werden merken, daß Sie einfach die Ketten durchbrechen, die Sie zurückhalten. Dieses Raumschaffen ist eine symbolische Handlung, die dennoch von großem Wert für Sie ist.

Der Gedanke ist simpel: Räumen Sie alle Schubladen, Schreibtische, Garagen, Dachböden, Kleider-, Akten- und Geschirrschränke und sogar Ihre Koffer und Taschen leer. Wir alle haben irgendwo Dinge gestapelt, die wir gar nicht mehr brauchen, weil sie uns keinen Nutzen mehr bringen. Vielleicht können andere etwas damit anfangen, doch hier nehmen sie einfach viel zu viel Raum in Anspruch – wie soll denn bei so vielen Dingen noch Platz für etwas Neues in Ihrem Leben sein? Sie werden staunen, wie schnell die Schubladen und Schränke, wenn Sie sie einmal geleert haben, wieder voll sein werden – jedoch mit ganz neuen Sachen.

Dieser Vorgang ist schon selbst recht faszinierend. Sie können Ihre Sachen wohltätigen Organisationen spenden, vor allem, wenn es wertvolle Gegenstände sind, von denen Sie wissen, daß Sie sie nicht mehr benötigen. Oder verkaufen Sie das ganze Zeug auf dem nächsten Flohmarkt und machen Sie sich von dem Erlös einen schönen Tag. Passen Sie jedoch auf, daß Sie die Sachen nicht gegen den Müll von anderen eintauschen – denn den brauchen Sie gewiß nicht. Sehen Sie ein, daß der ganze Kram nur Ihre Bereitschaft blockiert, die auf Sie wartenden Vorteile und Gewinne in Empfang zu nehmen. Es ist verrückt, aber es funktioniert. Machen Sie sich also an die Arbeit und schreiben Sie auf, welche Sachen Sie nicht mehr benötigen.

Auch hier wieder genügen einige wenige Blätter. Achten Sie darauf, auch allen Angehörigen, Freunden, Kollegen und Nachbarn zu verzeihen und sie auf diesem Weg loszulassen. Wenn Sie böse sind auf jemanden, setzen Sie eine mächtige Energie in Gang, die Sie natürlich genau in die Richtung zieht, in die Sie nicht wollen. Wie mit Stahlketten schmiedet Sie der Ärger auf jemanden an Ihre Vergangenheit. Schreiben Sie also auf, auf wen Sie wütend sind, und beschließen Sie dann, demjenigen zu vergeben und damit die negative Energie loszulassen und sich für eine strahlend neue und aufregende Zukunft zu öffnen.

ABSCHNITT 4 – DAS FINDEN IHRES ZIELS – ERSTES STADIUM

Da das MindStore-System sich sehr stark auf Visionen konzentriert, ohne dabei gleich nach dem WIE zu fragen, müssen wir uns auch der Tatsache stellen, daß unser „Lebensgepäck" uns nicht unbeeinflußt lassen wird. Vor allem bei Anfängern besteht die Gefahr, daß sie davon aufgehalten werden, ganz gleich, wie groß ihre Ziele sind. Ich rate Ihnen darum, sich anfänglich Ziele zu setzen, die nur Sie selbst betreffen, und den zeitlichen Rahmen dafür auf zwölf Monate zu begrenzen. Viele werden sich langfristige Ziele setzen wollen, und vielleicht träumen auch Sie von Dingen, bei denen klar ist, daß ihre Verwirklichung wesentlich mehr Zeit in Anspruch nehmen wird als nur zwölf Monate. Befolgen Sie dennoch meinen Rat. Ich werde im folgenden versuchen, Ihnen klarzumachen, warum.

Sehen Sie: Wenn Sie sich zum Beispiel drei Jahre Zeit geben, um ein bestimmtes Ziel zu verwirklichen, dann wird auch Ihr „Lebensgepäck" versuchen, dabei „mitzumischen". Wenn Sie sich jedoch nur solche großen Ziele setzen, die in zwölf Monaten zu erreichen sind, dann können Sie sich ein Jahr später für das kommende Jahr noch größere Ziele vornehmen und noch mehr erreichen. Zu Beginn des dritten Jahres setzen Sie sich dann schließlich Ziele, von denen Sie zwei Jahre zuvor noch nicht einmal zu träumen gewagt hätten. Wenn Sie von Ihrer Vorgehensweise erst einmal überzeugt sind, können Sie es riskieren, längerfristige Perspektiven in Angriff zu nehmen. Es liegt natürlich allein an Ihnen, wie weit entfernt in der Zukunft Sie sich Ihre Ziele setzen wollen. Die Entscheidung treffen Sie.

Füllen Sie das folgende Blatt aus, ohne sich den Kopf darüber zu zerbrechen, was möglich ist oder wie Sie dies erreichen wollen. Fragen Sie sich nur: „Was will ich?" Dies wird Ihnen helfen, sich zu konzentrieren. Wenn Sie das Gefühl haben, festzustecken und keine passenden Einfälle zu haben, dann gehen Sie in Ihren Regieraum und erkunden die Möglichkeiten auf Ihrer Zukunftsleinwand. Überlegen Sie bei jedem Bereich Ihres Lebensrads, was Sie in drei Monaten (kurzfristig) und in einem Jahr (langfristig) sein, haben oder tun wollen.

Dies dient als Ausgangspunkt. Alles, was Sie an diesem Punkt brauchen, sind grob umrissene Ideen. Die genaue Ausarbeitung dieser Einfälle werden wir dann in einem späteren Stadium vornehmen.

Sie dürfen sich in den einzelnen Lebensbereichen auch mehrere Ziele setzen. Es ist jedoch vermutlich am besten, wenn Sie Ihre Wünsche sorgfältig prüfen und sich dann für ein Ziel pro

Lebensbereich	Kurzfristig	Langfristig
Familie		
Freundeskreis		
Persönliche Entwicklung		
Gesundheit		
Lebenseinstellung		
Beruf		
Finanzen		
Spirituelles Leben		

Lebensbereich entscheiden. Je kürzer und übersichtlicher die Liste, desto besser kann Ihr Gehirn sich darauf einstellen.

Sie können beginnen, dies zu praktizieren, indem Sie auf einem anderen Blatt notieren, warum Sie die jeweiligen Ziele Ihrer Meinung nach überhaupt anstreben. Denken Sie daran, daß die erhofften Vorteile die Intensität Ihres WUNSCHES nach der Verwirklichung des Ziels bestimmen. Die Vorteile, die Sie sich am meisten WÜNSCHEN, sind dann logischerweise der beste Ausgangspunkt, um die Ideen zu detaillierten, klar definierten Zielen auszuarbeiten.

ABSCHNITT 5 – DER PROGRAMMPLANER

Dies ist der Schlüssel zum Nachtbuch, sein wichtigstes Kennzeichen. Es sind diese Blätter, die wirklich etwas bewegen, die Gestalt und Struktur schaffen und damit Ihre Einstellung ebenso fördern wie Ihren Antrieb, das Ziel zu erreichen, Ihr Durchhaltevermögen und Ihre Bereitschaft, das zu tun, was immer getan werden muß. Jeder Teil des Programmplaners hat eine wichtige Funktion und muß verstanden und ausgefüllt werden, um tätig werden zu können. Erinnern Sie sich an die Examens-

Lebensbereich _____ Datum _____ LF ☐ KF ☐

Affirmation _____

_____

_____

Beschreibung _____

_____

_____

Foto/Zeichnung

                                    Unterschrift

Programmiertes Datum _____ Erreicht am _____

kandidaten der Universität Yale, die 1953 ihre Ziele zu Papier brachten? Sie werden nun gleich dasselbe tun, und das auf sehr effektive und bedeutungsvolle Weise.

Betrachten wir erst den Aufbau der Seite, bevor ich Ihnen jeden einzelnen Teil erkläre.

Für jedes Ihrer Ziele sollten Sie ein solches Blatt ausfüllen. Verlassen Sie sich darauf, daß diese Routine bei konsequenter Anwendung erstaunlich funktionieren wird. Nennen Sie in der ersten Zeile den Bereich des Lebensrads, dem die Verwirklichung des Ziels am meisten zugute kommen wird. Bei „Datum" notieren Sie den Tag, an dem Sie sich dieses Ziel setzen.

„LF" und „KF" stehen für „lang-" und „kurzfristig"; kreuzen Sie also das entsprechende Kästchen an.

Schreiben Sie Ihre Affirmation am besten erst auf, nachdem Sie sich um die Beschreibung gekümmert haben.

Beschreibung

Ihr Gehirn benötigt ein ganz klar und eindeutig definiertes Ziel, damit Ihr Unterbewußtsein tätig werden und seine Rolle bei der Verwirklichung des Ziels spielen kann. Wie ein Bogenschütze brauchen Sie ein ganz genaues Ziel. Ist der Zielbereich zu groß, dann hat der Pfeil keine klare Richtung mehr, und es hilft dann auch nicht, ihn in die ungefähre Richtung zu schießen – seien Sie darum bei der Beschreibung Ihres Ziels so klar und eindeutig wie möglich. Vielleicht nehmen Sie sich den Besitz eines neuen Autos vor. Sich einfach nur auf den Kauf eines neuen Wagens zu programmieren erbringt aber noch nicht das gewünschte Ergebnis. Da Sie Tausende von Möglichkeiten zur Auswahl haben, müssen Sie sich schon ganz genau entscheiden, welches Modell, welchen Hubraum, welche Farbe, welche Ausführung, welches Baujahr usw. Sie haben wollen.

Es geht in diesem Stadium darum, sich gedanklich in allen Einzelheiten auf das zu konzentrieren, was man ganz genau will. Füllen Sie diese Zeilen also so gut aus, wie es Ihnen möglich ist.

Wenn Sie diese Techniken einmal erlernt haben, werden Sie Ihnen so leichtfallen wie das Ausfüllen eines Bestellscheins. Sie schicken Ihre Bestellung ab, und einige Tage später erhalten Sie dann die gewünschte Ware. Sie müssen sich vorher nur überlegen, was Sie genau wollen. Fällt Ihnen zu Ihrem Ziel keine Beschreibung ein, dann haben Sie auch kein Ziel, sondern nur irgendeinen versponnenen Wunsch. Dies allein reicht jedoch nicht.

Affirmation

Eine Affirmation ist ein einziger Satz (so kurz wie möglich), der die Beschreibung zusammenfaßt und die drei Ps enthält: Er ist persönlich, positiv und im Präsens, in der Gegenwart, formuliert. Die beste Affirmation aller Zeiten war vielleicht Muhammed Alis „Ich bin der Größte." Wie wir gesehen haben, sagte sich der Boxer dies so lange immer wieder vor, bis er es schließlich geschafft hatte. Seine Affirmation erfüllt die von mir aufgestellten Kriterien: Er ist persönlich, denn er beginnt mit einem „Ich", und er ist positiv, er zeigt die Richtung an, auf die er zusteuert. (Zu schreiben: „Ich bin nicht länger faul", würde nicht funktionieren, da der Satz sich auf das Wort „faul" konzentriert und auf das, was man bisher war, nicht auf das, was man jetzt ist. Die wesentlich bessere Formulierung wäre „Ich bin jetzt voller Energie.")

Außerdem ist Muhammed Alis Aussage im Präsens formuliert, was im Gehirn die Gestalt, die Struktur, unterstützt. Ich rate Ihnen, auch das Wort „jetzt" oder „nun" in die Affirmation mitaufzunehmen. Auf Seite 50 finden Sie einige Beispiele für allgemeine Affirmationen. Im Fall des obengenannten Autokaufs wäre die richtige Formulierung vielleicht die: „Ich fahre jetzt einen wunderschönen Lexus 400, Baujahr 1994." Das Wort „wunderschön" verleiht der Aussage auch einen gefühlsmäßigen Gehalt, der bei jeder Art von Affirmation von großem Nutzen ist. Das gleiche gilt für Wörter wie „glücklich", „froh", „aufgeregt" usw. Je kürzer Sie Ihre Affirmationen halten, desto leichter wird es Ihnen fallen, Sie in Gedanken zu wiederholen, wann immer Sie dies wollen. Sie können sie sogar beim Spazierengehen, Autofahren oder auch beim Sport mit Melodien, die Ihnen gefallen, singen.

Es ist unerläßlich, daß Sie Ihre Affirmationen sorgfältig aufschreiben, denn dies ist ein wesentlicher Bestandteil der Nachtbuchroutine.

Fotos oder Zeichnungen

Viele Menschen tragen Fotos ihrer Ziele und Erwartungen mit sich herum. Es stärkt die Begeisterung und den Wunsch, wenn man diese Fotos betrachtet. Ich habe dies bei zu vielen erfolgreichen Menschen beobachtet, um es abtun zu können, und ich bin mir auch der Macht sublimer Werbung bewußt. Zur Programmierung Ihres Gehirns auf das gewünschte Ergebnis werden Sie etwas Ähnliches einsetzen.

Versuchen Sie, ein möglichst detailliertes Foto zu bekommen von dem, worauf Sie sich programmieren. Da das Gehirn Farbe liebt, sollten Sie nach einem farbigen Bild suchen, vielleicht in einer Broschüre oder einer Zeitschrift. Schneiden Sie es aus und kleben Sie es auf den Programmplaner. Ist das dafür vorgesehene Kästchen zu klein, dann kleben Sie das Foto auf die Rückseite des vorhergehenden Blatts in Ihrem Nachtbuch. Auch schwarzweiße Fotos funktionieren, doch dauert es dann länger, bis der Erfolg sich einstellt, denn mit Farben lassen sich die Gehirnzellen viel schneller aktivieren. Wenn Sie kein passendes Foto finden, können Sie auch eine Zeichnung anfertigen – sogar ein Strichmännchen funktioniert; Hauptsache, Sie haben ein Bild. Die Routine, die wir uns mit dem ausgefüllten Programmplaner aneignen, funktioniert. Sie wird Sie zu Ihrem Ziel bringen.

Zuletzt

Geben Sie nun einen Termin an, bis zu dem Sie das Ziel erreichen wollen. Vergessen Sie nicht, GROSS zu denken, und achten Sie darauf, daß Ihr Unterbewußtsein Sie nicht hereinlegt und den Termin so weit wie möglich in die Zukunft hinausschiebt. Das Ausfüllen der Seite kommt zum Abschluß, wenn Sie Ihren besten Füller oder Kugelschreiber nehmen und am unteren Ende des Blatts unterschreiben. Mit dieser Unterschrift haben Sie den Vertrag geschlossen. Sie meinen es ernst und haben sich symbolisch dazu verpflichtet, das Ziel zu erreichen. Dies ist ein großer Moment, vor allem angesichts all der Bemühungen, die notwendig waren, um die erforderlichen Informationen in das Blatt einzutragen und ein passendes Foto zu finden oder eine entsprechende Zeichnung anzufertigen.

Am wichtigsten – die Routine

Setzen Sie sich dann vor dem Schlafengehen hin, am besten auf Ihr Bett, und durchlaufen Sie für jedes Ziel in Ihrem Programmplaner die folgenden Schritte. Es ist absolut notwendig, daß Sie dies tun, und zwar jeden Abend. Vielleicht ziehen Sie sich dafür vor dem Zubettgehen in einen geeigneten Raum zurück, wo Sie ungestört sind – ich überlasse es Ihnen, wie Sie sicherstellen, daß Sie es nicht vergessen. Achten Sie jedoch darauf, die Routine immer in der gleichen Weise durchzuführen; Ihr Unterbewußtsein braucht dies aus irgendeinem Grund.

- Erstens – Lesen Sie ausführlich die Beschreibung; schließlich haben Sie ein ganz bestimmtes Ziel.
- Zweitens – Lesen Sie Ihre Affirmation und versuchen Sie dabei, sich vorzustellen, es würde jetzt gerade geschehen; überlegen Sie, wie Sie sich fühlen würden, wenn dies so wäre.
- Drittens – Betrachten Sie das Foto und versuchen Sie dabei, Ihren Wunsch danach so intensiv wie möglich zu spüren. Dies ist es, was Sie wirklich wollen.
- Viertens – Dies rundet den Vorgang ab. Schließen Sie die Augen, atmen Sie tief ein und stellen Sie sich dann vor, Sie seien in Ihrem Regieraum. Blicken Sie auf die Zukunftsleinwand – die auf der linken Seite –, und betrachten Sie noch einmal Ihre programmierte zukünftige Vergangenheit. Versuchen Sie, Ihr Ziel mit allen Sinnen wahrzunehmen: Wie sieht es aus, wie fühlt es sich an, was hören Sie, welche Gefühle spüren Sie? Bauen Sie eine wirkliche Beziehung dazu auf.
- Fünftens – Blättern Sie um und durchlaufen Sie diese Schritte für jedes weitere Ziel noch einmal, bis Sie alle Ziele „abgearbeitet" haben. Jawohl – Sie tun dies jeden Abend … So bildet sich schnell eine Gestalt heraus und sagt Ihrem Unterbewußtsein, daß Sie es wirklich ernst meinen und bereit dazu sind, alles zu tun, was zur Verwirklichung des Ziels getan werden muß.

Ich empfehle Ihnen außerdem, Ihre Programmplaner auch am Morgen durchzulesen, nachdem Sie Ihren Tag programmiert haben. Sie werden merken, daß Sie schon innerhalb weniger Tage nach Aufnahme der Routine diejenigen Menschen, Orte und Gelegenheiten anziehen, die Sie zum Erreichen Ihres Ziels brauchen. Sie werden auch entdecken, daß Sie manchmal keine Lust auf die Routine haben und sie darum auf den nächsten Abend verschieben. Vielleicht kommt es sogar vor, daß Ihr

Nachtbuch hinter Ihr Bett rutscht und Sie es dadurch vergessen. Wenn dies geschieht, verlangsamt sich alles, während Sie in altbekannte Gewohnheiten zurückfallen. Es gibt nun keine glücklichen Zufälle mehr, und Sie beginnen, an sich und am Leben zu zweifeln.

Irgend etwas in Ihnen erinnert Sie dann jedoch an das, was Sie mit Ihrer neuen Einstellung schon alles erreicht hatten. Sie hören darauf und erhalten so den nötigen Anstoß, um von neuem zu beginnen. Fast unmittelbar danach, am folgenden Tag vielleicht, ereignet sich etwas, das wie ein Zufall aussieht, und schon sind Sie wieder auf dem Weg zu Ihrem Ziel. *„Es funktioniert einfach"* – doch es liegt ganz allein an Ihnen, ob es auch wirklich funktioniert.

ABSCHNITT 6 – NOTIZEN

Hierbei handelt es sich ganz einfach um einige leere Blätter, auf denen Sie Ihre Ideen festhalten können, wann immer sie Ihnen einfallen. Im voraus können Sie nicht wissen, wie Ihr Unterbewußtsein die Umsetzung Ihrer Ziele in Angriff nehmen wird. Sie müssen also auf Ihre Ideen vorbereitet sein, wenn sie zu kommen beginnen. Wahrscheinlich werden Sie entdecken, daß Ihnen die wirklich guten Pläne und Gedanken mitten in der Nacht oder frühmorgens einfallen und Sie sie dann ganz schnell aufschreiben müssen. Wenn Sie dies nicht tun, werden Sie Ihre Einfälle vermutlich wieder vergessen, vor allem die nächtlichen. Denken Sie daran, nie ins Bett zu gehen, ohne Ihr Nachtbuch und Ihren Stift auf dem Nachttisch griffbereit liegen zu haben.

ABSCHNITT 7 – DAS TRAUMBUCH

Es ist sehr gut möglich, daß Ihr Unterbewußtsein zur Entwicklung von Ideen Ihre Träume verwendet. Auch darauf müssen Sie also vorbereitet sein. Es geht hier darum, sich einzugestehen, daß man vermutlich einen guten Grund dafür hat, wenn man erwacht und sich an einen Traum erinnert. Da der im Traum verborgene Einfall nicht immer leicht zu erkennen ist, rate ich Ihnen, Ihre Träume zu notieren (wie auf der folgenden Seite gezeigt) und sie dann zu untersuchen. Dies kann sehr aufschlußreich und interessant sein. Wo wäre ich nun, wenn ich die Träume nicht beachtet hätte, die ich vor langer Zeit hatte, jene Träume, in denen ich ein Haus mit einem roten Dach an einem Fluß sah? Die Bedeutung verstand ich erst dann, als ich mir die richtigen Fragen stellte.

Der Trick dabei ist der, den Traum nicht sofort nach dem Aufwachen zu analysieren, sondern damit bis zum folgenden

Beschreibung des Traums	
Welche Beziehung hat der Traum zu dem, was gestern geschah?	Welche Beziehung hat der Traum zu dem, was heute geschehen ist?
Welche Beziehung hat der Traum zu dem, was sonst in Ihrem Leben gerade geschieht?	

Abend zu warten, wenn Sie sich an die Lektüre Ihrer Programmplaner begeben. Ich schlage Ihnen vor, die Träume vor dem Schlafengehen zu analysieren und im Anschluß daran die Programmplaner durchzulesen.

Bringen Sie also eine Beschreibung zu Papier, wann immer Sie sich an einen Traum erinnern, ob nun mitten in der Nacht oder frühmorgens. Warten Sie, bis Sie am folgenden Abend zu Bett gehen, lesen Sie dann die Traumbeschreibung wieder durch und stellen Sie sich die in den Kästchen aufgeführten Fragen. Sie erhalten nur dann eine Antwort, wenn Sie sich diese Fragen stellen, und es wird Sie überraschen, welche Einfälle Ihnen dabei kommen und wie Sie auf einmal die Bedeutung von Ereignissen erkennen, die Sie sonst übersehen hätten. Vergessen Sie nicht: Sie wissen nicht, wann, wie und woher ein Einfall kommen wird. Sicher ist jedoch, daß Ihnen die richtigen Ideen zur richtigen Zeit einfallen werden, wenn Sie dieses Programm erst einmal durchführen.

ABSCHNITT 8 – DAS TÄGLICHE BRAINSTORMING

Dieser letzte Abschnitt ist in gewisser Hinsicht ein eigener Teil des Nachtbuchs, und zwar einer, der sehr fruchtbar und hilfreich sein kann und Ihre Disziplin bei der Durchführung dieses Programms stärkt. Alles, was Sie brauchen, sind einige leere Blätter. Halten Sie diese jedoch getrennt von denen in Abschnitt 6.

Es geht hier darum, morgens nach der Programmierung des Tages und der Lektüre des Programmplaners ein leeres Blatt zu nehmen und 20 Ideen aufzuschreiben, die Ihnen bei der Verwirklichung Ihrer Ziele helfen könnten. Notieren Sie Ihre Gedanken so, wie sie Ihnen einfallen, ohne sie zu bewerten. Lassen Sie einfach Ihren Geist wandern und Ihre schöpferischen Fähigkeiten aktiv werden und schreiben Sie auf, was immer Ihnen in den Sinn kommt. Vielleicht müssen Sie sich dafür ein wenig anstrengen. Meistens jedoch können Sie sich einfach vom Strom Ihres Bewußtseins treiben lassen, und Ihre Gedanken werden nur so sprudeln. Zwingen Sie sich jedoch dazu, dies wirklich zu tun.

Dies ist eine phantastische Disziplin, und Sie werden staunen, wie viele Ideen Ihnen kommen werden. Sie sind wahrhaftig ein Genie – Sie wissen es nur noch nicht!

Zusammenfassung der Anweisungen

Die größten Geschenke des Lebens sind die Fähigkeit, große Gedanken zu entwickeln, und die Stärke, die richtigen Schritte zu unternehmen, damit solche Gedanken in dieser wunderschönen reichen Welt Wirklichkeit werden.
Erstellen Sie mindestens alle zwei Monate Ihr Lebensrad. Sie gewährleisten damit, daß Ihr Leben ausgeglichen ist, und Sie erkennen die Bereiche, in denen Sie sich Ziele setzen können.

NACHTS

1. Sie können Ihre Dankbarkeitsliste ergänzen und sich damit für Ihren Fortschritt und Ihren Erfolg bedanken. Dies bestärkt Ihre positive Einstellung und Ihren Glauben daran, daß Sie Ihre Ziele auch wirklich verdienen.
2. Analysieren Sie, wenn nötig, einen Traum mit Hilfe des Traumbuchs.
3. Lesen Sie Ihre Programmplaner, um Ihr Ziel in Ihrem Unterbewußtsein zu verankern.
   a) Lesen Sie Ihre Affirmation voller Gefühl und Begeisterung.
   b) Lesen Sie Ihre Beschreibung.
   c) Betrachten Sie Ihr Foto oder Ihre Zeichnung.
   d) Schließen Sie die Augen, atmen Sie tief ein und stellen Sie sich vor, Sie seien in Ihrem Regieraum, um voll innerer Beteiligung Ihre linke Leinwand und Ihre zukünftige Vergangenheit zu überprüfen.
   e) Wiederholen Sie diese Schritte für jedes weitere Ihrer Ziele.
   f) Legen Sie sich mit Hilfe der im nächsten Kapitel beschriebenen Methode schlafen.

MITTEN IN DER NACHT

Seien Sie darauf vorbereitet, Träume für eine Analyse am folgenden Abend aufzuschreiben; schreiben Sie vor allem auch die Gedanken auf, die Ihnen in den Sinn kommen, wenn Sie wach sind.

MORGENS

1. Programmieren Sie Ihren Tag.
2. Lesen Sie Ihre Programmplaner durch.
3. Schreiben Sie mindestens 20 Ideen auf, die Ihnen helfen könnten, Ihre Ziele zu erreichen.

TAGSÜBER

1. Gönnen Sie sich wenigstens am Mittag qualitativ hochwertige Entspannungsperiode.
2. Visualisieren Sie wichtige Begegnungen und Ereignisse zuvor im Geiste.

ZULETZT

Handeln Sie so, als seien Sie bereits erfolgreich und hätten Ihr Ziel schon erreicht – und vergessen Sie nicht den Spaß dabei.

Mein letzter Ratschlag in der obenstehenden Liste war es, wichtige Ereignisse zuvor im Geiste einzuüben. Dies ist eine Methode, die vielen MindStore-Mitgliedern ungeheuer viel Selbstbewußtsein vermittelt und die, wie alle MindStore-Techniken, nichts Neues ist. Sie werden sich bestimmt noch daran erinnern, wie die ganze Welt den Läufer Linford Christie mit geschlossenen Augen stehen sah, bevor er im Herbst 1993 bei der Weltmeisterschaft in Stuttgart die Goldmedaille gewann. Da stand er völlig ruhig mit geschlossenen Augen in seiner ganzen Größe, während um ihn herum die anderen Läufer voll nervöser Anspannung versuchten, etwas lockerer zu werden, während sie zugleich höchst intensiv über den erwarteten Ausgang des Laufs nachgrübelten.

Bei derselben Weltmeisterschaft interviewte man Sally Gunnell in der Nacht, nachdem sie die Goldmedaille gewonnen hatte. Man fragte sie, wie sie sich gefühlt habe, als sie die letzte Hürde überwand und entdeckte, daß ihre gefährlichste Rivalin eine ganze Länge hinter ihr lag. Ihre Antwort war großartig und für all die, die MindStore praktizieren, höchst inspirierend. Sie erzählte, wie sie ihren Sieg monatelang im Geiste geprobt hatte. Schließen wir uns also den Weltmeistern an, programmieren wir uns und üben wir unsere Siege im Geiste ein – denn schließlich *„funktioniert es einfach!"*

Zusammenfassung

1. Machen Sie das Programmieren Ihres Tages zum Teil Ihres Lebens.
2. Beginnen Sie den Tag mit einer Viertelstunde qualitativ hochwertiger Entspannungsperiode und einer Programmiersitzung.
3. Vergessen Sie nicht, wichtige Begegnungen und Ereignisse im voraus geistig zu visualisieren.
4. Nehmen Sie sich die Zeit zur Anfertigung Ihres Nachtbuchs und stellen Sie sicher, daß sich eine Gestalt entwickelt und Sie Ihre Ziele erreichen.
5. Machen Sie die Lektüre Ihres Nachtbuchs zum Teil Ihres Lebensstils. Tun Sie dies jeden Abend, bevor Sie sich schlafen legen, und jeden Morgen nach der Programmierung Ihres Tages.

Die Schlafgemächer:
Der Schlaf einer guten Nacht ist die
Grundlage Ihres Tages

Die vermutlich größte Streßursache überhaupt ist die Angst. Der kanadische Seminarleiter Brian Tracy meint, Angst entstehe dann, wenn man falsche Erwartungen für wirklich hält. Was immer man fürchtet, befindet sich, Tracy zufolge, zuallererst im Geist, wo die Phantasie das gefürchtete Ereignis praktisch für real hält, da Angst ein so heftiges Gefühl ist, daß man sich ihr kaum entziehen kann. Die Erwartung von etwas Ängstigendem löst im Gehirn die Streßreaktion aus, und je näher das gefürchtete Ereignis zu sein scheint, desto heftiger sind die Streßsymptome.

Es gibt viele Ängste, die einen Menschen befallen können. Klassische Ängste sind zum Beispiel die Furcht vor Krankheit, Tod, Alter, Armut, Verlust, Kritik und Zurückweisung. Viele Menschen kämpfen auch mit der Angst zu versagen. Ich kenne noch eine weitverbreitete Angst: die vor dem Erfolg.

In Wahrheit existieren all diese Ängste jedoch nur im Geist. Aus ihren Erfahrungen und ihrer Lebenseinstellung beziehen die Menschen Meinungen und Gefühle zu den Ereignissen, die sie in ihrem Leben erwarten. Je häufiger das Gehirn das befürchtete negative Ergebnis durchspielt, desto mehr Sorgen macht sich der Betroffene, desto stärker ist die Streßreaktion und desto wahrscheinlicher ist es, daß das schreckliche Ereignis wirklich eintrifft.

Nur allzuoft verhindern Ängste Glück und Erfolg. Furcht kann dazu führen, daß man verpaßte Gelegenheiten bereut; sie verbirgt Talente und Fähigkeiten, ruft Kritik hervor und veranlaßt viele dazu, nichts anderes mehr zu tun, als zu beobachten, wie das Leben ach so schnell vorübergeht.

Es wird Ihnen klar sein, daß ständige Sorgen für jeden, der davon betroffen ist, eine gewaltige Herausforderung darstellen.

Ich habe keinen Zweifel daran, daß Angst und Sorgen das Wohlergehen unseres Volkes beeinträchtigen. Emile Coue entdeckte, daß es seinen Patienten automatisch besser ging, wenn sie sich bei der Einnahme ihrer Arznei sagten: „Ich fühle mich Tag für Tag in jeder Hinsicht immer besser." Wie wirken sich dann umgekehrt erst Sorgen auf den Organismus einer Person aus? Dagegen müssen wir uns schützen – denken Sie daran:

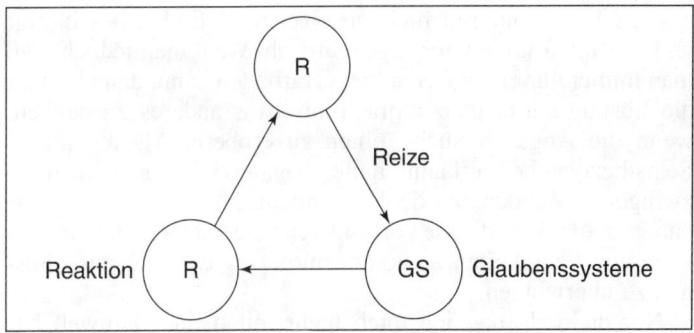

Löschen Sie dieses Programm und konzentrieren Sie sich auf: „Ich kann" und: „Ich werde", auf Lösungen und positive Ergebnisse.

Die Lösung liegt ganz eindeutig im Geist. Ich habe entdeckt, daß die Angst sich legt, wenn ich mich ihr stelle und mit positiven inneren Monologen auf sie reagiere. Wenn Sie in das hineingehen, was Sie fürchten, wird die Angst einfach verschwinden. Stellen Sie sich zum Beispiel vor, Sie möchten auf Skiern einen steilen Hang hinabfahren. Da Sie nicht so gut sind, wie Sie gerne wären, spüren Sie Angst in sich aufsteigen, doch wenn Sie sich dann in die Startposition begeben und sich auf das konzentrieren, was getan werden muß, legt die Furcht sich ganz einfach wieder. Denken Sie daran, daß das Gehirn zu einem bestimmten Zeitpunkt immer nur einen bewußten Gedanken verarbeiten kann.

Die negativen Folgen der Angst werden Sie unglücklich machen – doch nur, wenn Sie dies zulassen.

Der erste und größte Sieg ist es, das eigene Selbst zu bezwingen. Es gibt nichts Schändlicheres und Abscheulicheres, als vom Selbst bezwungen zu werden.

Plato

Ich habe gelernt, meine Angst vor Krankheit zu bezwingen. Dies war ein großer Sieg für mich, denn meine Hypochondrie war einfach lähmend. Ich war krank vor lauter Sorgen um mich; ich war nur mit meinem eigenen Befinden beschäftigt und war im Grunde völlig egozentrisch. Weiß man jedoch, daß man immer nur einen Gedanken verarbeiten kann, dann besteht die Lösung darin, ganz einfach an etwas anderes zu denken, wenn die Angst versucht, einen zu erobern. Als ich meine Selbstbezogenheit erkannt hatte, begann ich, mich dazu zu zwingen, an andere zu denken. Indem ich lernte, richtig zuzuhören, die Bedürfnisse von anderen zu verstehen und ihre Talente und Fähigkeiten zu erkennen, gelang es mir, meine Sorgen zu überwinden.

Nur dadurch, daß ich mich mehr mit meiner Umwelt beschäftigte, verlor ich fast über Nacht meine Sorgen um meine Gesundheit. Durch diesen Erfolg erkannte ich, daß ich mir nachts, wenn ich im Bett lag, mehr Sorgen machte als tagsüber. Dies war nur logisch, denn am Tag arbeitete ich oder hatte andere Ablenkungen und Beschäftigungen. Nachts jedoch war ich ganz allein mit mir.

Es kam unzählige Male vor, daß ich nachts aufwachte und unfähig war, wieder einzuschlafen. Häufig blickte ich direkt nach dem Erwachen auf die Uhr und dachte: „O je, ich kann bestimmt nicht mehr einschlafen!" Mein Bio-Computer akzeptierte das Programm, und schon waren meine Ängste wahr geworden, und es dauerte nicht lange, bis ich begann, mich um meine Gesundheit zu sorgen. Manchmal spürte ich meinen Puls im Kopfkissen, was mich sofort schwer beunruhigte. Ich drehte mich um und spürte den Puls dann auf der anderen Seite genauso stark – „O nein, da stimmt etwas nicht!"

Wie oft bekam ich Panikanfälle, wenn ich mich auf meinen Atem konzentrierte! Natürlich atmet niemand bewußt, wir tun es ganz einfach. Es ist unser Unterbewußtsein, das die Atmung steuert. Dennoch lag ich da und dachte über jeden Atemzug nach, so daß ich auf einmal ganz bewußt atmete und in Panik verfiel, wenn ich immer schneller zu atmen begann. Was für ein Zustand das war! Jetzt im Rückblick finde ich es fast schon lustig, doch vielleicht kennen Sie solche Zustände ja selbst. Angenehm ist das gewiß nicht.

Es gelang mir, die große persönliche Herausforderung zu überwinden, indem ich meine Gedanken durch das Löschprogramm bewußt steuerte und nur noch positiv formulierte positive Gedanken zuließ. Heute bin ich kein Hypochonder mehr. Statt dessen konzentriere ich mich auf meine Fähigkeiten und Stärken – und siehe da, ich habe jetzt viel mehr vom Leben.

Ich kam daraufhin zu dem Schluß, es sei der Mühe wert, Methoden, die den Schlaf fördern und verbessern, zu entwickeln und in dieses Buch mit aufzunehmen. Mit Hilfe des MindStore-Systems werden wir nun die Architektur des Geistes fortsetzen und einen Raum zum Schlafen anlegen.

Die Schlafgemächer

Ich erkannte, daß viele Menschen mit dem Ein- und Durchschlafen offenbar keine Probleme haben. Viele legen einfach den Kopf auf das Kissen, und schon sind sie eingeschlafen, und wenn man ihnen glauben darf, erwachen sie am nächsten Morgen erholt und ausgeruht und bereit zu neuen Taten. Wie gut oder schlecht Ihr Schlaf auch sein mag, ich bin sicher, er wird vom MindStore-System profitieren.

Wir verbringen durchschnittlich etwa 30 Prozent unseres Lebens im Schlaf. Wir ruhen uns dabei aus, erholen uns vom vergangenen Tag und erneuern unsere Energien für den nächsten. Viele Menschen kommen im Schlaf auf neue Ideen und Lösungen. Die großen religiösen Bücher dieser Welt, darunter vor allem die Bibel, betonen die Bedeutung der Geistesblitze, Visionen und Stimmen, die uns im Traum zuteil werden. Überall in der Geschichte finden sich großartige Wissenschaftler und Staatsmänner, die ihren Schlaf zu ihrem Vorteil nutzen.

Vor allem dieses Gebiet interessiert mich. Es erscheint über-
zeugend, daß tagsüber die logische, vernünftige linke Hemisphäre mit entsprechenden Beta-Wellen die Vorherrschaft aus-
übt, während nachts im Schlaf die rechte Gehirnhälfte durch
unsere Träume das Kommando übernimmt und dann vor allem
Alpha- und Theta-Wellen produziert.

Viele Menschen halten ihren guten Schlaf für selbstverständlich. Sie machen sich keine Gedanken darüber, sondern
genießen ihn einfach. Andere wiederum haben Probleme mit
dem Schlaf und würden manchmal am liebsten ganz auf ihn
verzichten, was natürlich nicht möglich ist. Ich für meinen Teil
sehe es ein, daß Schlaf für Körper und Seele notwendig ist, daß
er Gesundheit und Wohlbefinden erhält, ganz zu schweigen von
seiner Bedeutung für unsere Kreativität und das Lösen unserer
Probleme. „Schlafen wir erst einmal darüber" ist eine mächtige
kleine Redewendung, die bei der Entwicklung unserer Welt eine bedeutende Rolle gespielt hat.

Es wäre vernünftig, mehr aus unserem Schlaf zu machen, indem wir zuerst seine Qualität verbessern und dann die Verwendung unseres Geistes im Schlaf üben. Bei MindStore werden
wir wie immer ein Zimmer anlegen, das Werkzeuge enthält, mit
deren Hilfe wir unsere Persönlichkeit auch in der Nacht entwickeln können.

Vom zentralen Korridor aus bauen wir also die Schlafräume,
ein Zimmer, das Sie dazu verwenden können, fest zu schlafen
und Ihre Kreativität zu entwickeln. Wir erwarten von diesem
Raum, daß er uns einen tiefen, erholsamen, entspannenden
Schlaf garantiert und daß wir am Morgen, wenn wir erwachen,
voller Lebensfreude sind und bereit dazu, den vor uns liegenden Tag mit positiven Erwartungen anzupacken.

Die geistige Architektur umfaßt ein warmes, gemütliches
Zimmer, das wir je nach Belieben ausstatten können. Im Zentrum des Raums steht natürlich das große, sehr bequeme Bett,
und an der Wand hängt ein riesiges Zifferblatt.

Der Gedanke ist der, am Abend mit Hilfe der Standard-
Eingangsroutine zum Eintreten in die Schlafgemächer zu gelangen – das heißt, Sie werden die Augen schließen, dreimal

tief einatmen und sich dann beim Ausatmen entspannen. Danach entspannen Sie jeden Teil Ihres Körpers und stellen sich vor, Sie befänden sich am rechten Flußufer. Gehen Sie hinein, betreten Sie Ihr Haus durch die Eingangshalle, nehmen Sie eine Dusche im Konditionierungsstudio, und schon sind Sie voller positiver Gefühle. Dieses Verfahren wird die Aktivität Ihrer Hirnwellen vermindern und Sie wie von selbst dem Schlaf näherbringen. Mit Hilfe einer Selbstbeherrschungsmethode werden Sie schließlich einschlafen.

Für viele besteht das Problem, das sie mit dem Schlaf haben, darin, am Morgen aufzustehen. Dies kann eine langwierige, mühsame Erfahrung sein, bei der der Bio-Computer schon alle möglichen negativen Programme erhält, noch bevor der Tag überhaupt begonnen hat. Die meisten Menschen verwenden vermutlich einen Wecker, um sicherzugehen, daß sie rechtzeitig aufwachen. Auch mit Musik können wir erwachen, oder begleitet von den Radionachrichten. Viele Menschen werden erst wach, wenn sie eine Tasse Kaffee oder Tee trinken.

Der große Zig Ziglar, ein Gigant auf dem Gebiet der Persönlichkeitsentwicklung, nennt den Wecker „Gelegenheitsuhr", denn für ihn ist das Klingeln der Auftakt zu einem phantastischen neuen Tag. Ich erkannte bald, daß die meisten Menschen ohnehin schon wach sind, wenn der Wecker klingelt. Offenbar bewahrt ihr Unterbewußtsein sie vor dem Schock, indem es sicherstellt, daß sie rechtzeitig wach sind, um den Wecker noch ganz schnell abzustellen.

Wenn ich von den Teilnehmern meiner Kurse auf das ganze Land schließen kann, dann sind die meisten Menschen schon wach, bevor der Wecker klingelt. Ich habe auch bemerkt, daß viele ihren Wecker gar nicht benutzen; sie haben gelernt, genau dann zu erwachen, wenn sie aufwachen wollen. Als Kind war ich davon überzeugt, ich würde um sieben aufwachen, wenn ich mit dem Kopf siebenmal auf das Kissen schlug (achtmal für acht Uhr usw.). Es ist gewiß richtig, daß wir auch ohne „Gelegenheitsuhr" zu der von uns gewünschten Zeit erwachen können.

Mit dem Wecker aufzuwachen hat zweifellos negative Folgen. Wenn uns das Klingeln in einen Alarmzustand versetzt,

beginnen wir unseren Tag mit Streß. Es kann auch große Enttäuschung verursachen, wenn man im Traum gerade dabei ist,
etwas Aufregendes oder Wunderbares zu erleben, und dann
durch schrecklichen Lärm aus den Träumen gerissen wird.
Führt so etwas nicht zu negativen Erwartungen für den Tag? Ich
denke schon.

In den Schlafgemächern werden Sie dann eine riesige Uhr an
eine der Wände hängen. Es kann ein analoges Zifferblatt sein
oder eine Digitalanzeige, doch läßt sich Ihr Geist nur dann davon beeinflussen, wenn die Uhr die gesamte Wand einnimmt.
Sie werden diese Uhr dazu verwenden, vor dem Schlafengehen
die Aufwachzeit einzustellen.

Das große, gemütliche Bett wird Ihnen dabei helfen, schnell
einzuschlafen. Sie werden das Bild dieses wirklich behaglichen
Betts von nun an mit einem tiefen, entspannenden Schlaf in
Verbindung bringen. Je öfter Sie Ihr imaginäres Bett verwenden, desto eher wird es die gewünschten Ergebnisse erbringen.
Es kann ein Bett sein, in dem Sie irgendwann einmal geschlafen haben, vielleicht als Kind, oder ein futuristisches Wasser-
bett oder sogar ein Bett aus Rosen. Hauptsache, es ist warm,
gemütlich und entspannend.

Das folgende Verfahren, schnell in einen tiefen, entspannenden Schlaf zu fallen, wird im Verlauf dieses Kapitels noch
näher erläutert:

- Legen Sie sich bequem in Ihr Bett, schließen Sie die Augen
  und betreten Sie Ihr Haus am rechten Ufer mit der Standard-
  Eingangsroutine (d.h. drei tiefe Atemzüge mit Entspannung
  beim Ausatmen. Entspannen Sie sich von Kopf bis Fuß und
  stellen Sie sich dann vor, Sie stünden am rechten Flußufer.
  Gehen Sie in das Haus hinein, nehmen Sie eine Dusche und
  gehen Sie dann durch den zentralen Korridor in Ihre Schlafgemächer).
- Setzen Sie sich im Geiste auf das große, gemütliche Bett und
  blicken Sie auf Ihre „Gelegenheitsuhr" – vergessen Sie
  nicht, daß diese die ganze Wand einnimmt. Stellen Sie sich
  vor, wie die Zeiger sich bewegen, um bei der Uhrzeit anzu-

halten, zu der Sie erwachen wollen. Sagen Sie sich dabei gleichzeitig: „Um diese Uhrzeit (z.B. 6:15) werde ich erwachen und für meinen Tag hellwach bereit sein."

• Stellen Sie sich dann vor, Sie würden sich in das große, gemütliche Bett legen und sich auf den Weg in den Schlaf machen.

Wichtig ist es, daß Sie an die „Gelegenheitsuhr" wirklich glauben und darum alle anderen Wecker entfernen. Sie werden feststellen, daß Sie wirklich zur richtigen Zeit aufwachen, oder vielleicht sogar schon etwas früher. Wenn Sie in der Nacht erwachen, dann denken Sie erst an die Uhr in Ihren Schlafgemächern und die Zeit, zu der Sie aufstehen wollen, bevor Sie weiterschlafen.

Ich empfehle Ihnen dies als jemand, der regelmäßig das Land bereist und dabei in Hotels übernachtet. Oft muß ich schon um halb fünf Uhr morgens aufstehen, um den ersten Flug vom Flughafen Glasgow zu erwischen. Nie verwende ich dafür einen Wecker oder melde einen Weckruf beim Auftragsdienst an. *„Es funktioniert einfach"*, und zusammen mit dem Weg in den Schlaf genieße ich jede Nacht einen wunderbaren, erholsamen Schlaf.

Wenn Sie durch einen Wecker erwachen, dann bedeutet dies, daß sein Läuten Ihren natürlichen Schlafrhythmus stört und unterbricht. Liegt die Verantwortung für das Erwachen aber beim Unterbewußtsein, dann kann man davon ausgehen, daß man in Übereinstimmung mit den Rhythmen unseres Körpers erwacht, auf völlig natürliche und gesunde Art und Weise. Sie werden sich so bestimmt besser fühlen und vielleicht davon überrascht sein, wie gut diese Methode funktioniert.

Der Weg in den Schlaf

Wenn Sie Ihre „Gelegenheitsuhr" gestellt haben und in Ihrem großen, gemütlichen Bett liegen, dann konzentrieren Sie sich auf jeden Teil Ihres Körpers. Beginnen Sie bei der Kopfhaut und gehen Sie dann langsam bis hinab in die Füße. Sagen Sie

sich bei Ihrer Konzentration auf die einzelnen Körperteile fünfmal in Gedanken: „Ich falle jetzt in einen tiefen, erholsamen
Schlaf." Gehen Sie weiter zum nächsten Körperteil, entspannen
Sie ihn völlig und wiederholen Sie dann fünfmal: „Ich falle
jetzt in einen tiefen, erholsamen Schlaf." Sie werden feststellen, daß Sie so sehr schnell einschlafen.

Sie schlafen also in Ihren Schlafgemächern ein und erwachen ganz von selbst zur richtigen Zeit. Je mehr Sie diese Technik üben und sie zum Teil Ihres Lebens machen, desto besser
werden Sie sie, wie alle Methoden meines Systems, beherrschen und desto automatischer wird sie funktionieren

Sie werden vielleicht entdecken, daß Sie besser schlafen und
früher erwachen als üblich. Wenn Sie früh erwachen, fühlen Sie
sich möglicherweise erholt, doch empfehle ich Ihnen sehr,
gleich aufzustehen und den Tag in Angriff zu nehmen. Ich bin
davon überzeugt, daß Sie mit dieser zusätzlichen Zeit viele gute
und sinnvolle Dinge tun können.

Das Naheliegendste wäre, für einen Morgenspaziergang aus
dem Haus zu gehen. Die Morgenluft ist etwas ganz Besonderes. Wenn Sie früher aufstehen als der Rest der Menschheit,
können Sie den Zauber des Morgens wirklich spüren. Genießen
Sie nicht nur die gute, frische Luft, sondern nehmen Sie den
Morgen mit all Ihren Sinnen wahr. Hören Sie aufmerksam hin,
denn oft gibt es eine ganze Sinfonie von Geräuschen (vor allem
auf dem Land, aber auch in der Stadt). Die Vögel, die Insekten,
der Wind in den Bäumen, ein plätschernder Bach – alles wartet
darauf, von Ihnen genossen zu werden.

Das besondere Licht in der Frühe kann Ihren Blick schärfen.
Was ich am Morgen am meisten schätze, ist der Himmel, vor
allem in der Stadt, wo wir leider meist nur darauf achten, wo
wir hintreten. Schauen Sie nach oben – über Ihrem Kopf liegt
eine ganz neue Welt architektonischer Wunder. Auf dem Land
erhalten Sie etwas Einblick in die Tier- und Pflanzenwelt, und
ganz erstaunliche Dinge können Sie auch am Rand Ihres Blick-
felds entdecken.

Ein Spaziergang hilft Ihnen, sich auf den Tag vorzubereiten.
Für jemanden, der positiv denkt, kann dies sehr aufregend sein.

Überlegen Sie nur, was dieser Tag für Sie bereithält. Ein Spaziergang am frühen Morgen ist die beste Gelegenheit, zu meditieren oder zu beten. Gehen Sie also aus dem Haus – *„Es funktioniert einfach!"*

Es empfiehlt sich auch, im Bett aufzusitzen und ein inspirierendes Buch oder eine Liste von Vorsätzen zu lesen. Sie besitzen ja bereits die beste Morgenlektüre überhaupt: Ihr Nachtbuch und all diese wunderbaren zukünftigen Vergangenheiten. Wenn ich morgens im Bett noch etwas lese, dann klappe ich das Buch oft genau zu der Uhrzeit zu, die ich auf meiner „Gelegenheitsuhr" eingestellt habe.

Sie könnten auch aufstehen und Gymnastik treiben. Dehnen und strecken Sie sich, wärmen Sie sich auf und haben Sie Spaß an einigen Aerobic-Übungen. Es gibt zahlreiche Beweise dafür, daß Aerobic für Gesundheit und Wohlbefinden überaus förderlich ist. Nach einem erholsamen Schlaf gibt es keinen besseren Weg, den Tag zu beginnen.

Träume und kreatives Denken

Sobald wir eingeschlafen sind, träumen wir natürlich. Manche Menschen behaupten, sie könnten sich an ihre Träume nicht erinnern, doch ändert dies nichts daran, daß alle Menschen träumen und daß dies sehr wichtig zu sein scheint. Träume haben sich wissenschaftlichen Analysen bisher zum großen Teil widersetzt, obwohl große Denker wie Freud und Jung einige gute Gedanken dazu hatten. Träume haben zweifellos einen Sinn und eine Bedeutung und sind zudem interessant und unterhaltsam.

Unser Schlaf besteht aus mehreren Phasen tiefen Schlafs, auf die jeweils ein Zustand folgt, bei dem sich die Augen unter den Lidern schnell und ruckartig zu bewegen scheinen. REM-Schlaf nennt man diese Phasen, nach der Abkürzung des englischen *Rapid Eye Movement* („schnelle Augenbewegung"). Es sind diese Phasen, in denen man träumt. Viele große Entdeckungen verdanken wir Geistesblitzen in Träumen. So entdeckte Professor Friedrich Kekule die Struktur des Benzolmoleküls, als er im Traum gesehen hatte, wie tanzende Atome sich in Schlangen verwandelten, die ihren eigenen Schwanz schluckten und sich dabei unablässig drehten, als würden sie tanzen. Als er seine wissenschaftliche Arbeit der Öffentlichkeit vorstellte, berichtete er einer ausgesuchten Zuhörerschaft, wie er auf die Lösung gekommen war. Sein Vortrag schloß mit dem Aufruf: „Lernen wir es wieder zu träumen, meine Damen und Herren!"

Der große schottische Schriftsteller Robert Louis Stevenson soll Dr. Jekyll und Mr. Hyde im Traum begegnet sein, und Abraham Lincoln träumte von der Ermordung eines berühmten Präsidenten. Elias Howe, der Erfinder der Nähmaschine, hatte jahrelang an seiner großen Erfindung gearbeitet, ohne jedoch einen Weg zur Befestigung des Fadens an der Nadel zu finden. Da träumte er eines Nachts, er sei von mit Speeren bewaffneten Dämonen gefangengenommen worden, die ihn vor die Wahl stellten, entweder seine Maschine sofort zu vollenden oder zu sterben. Während sie ihm drohten, entdeckte Elias plötzlich, daß ihre Speere am scharfen Ende der Lanzenspitze ein Loch hatten. Er erwachte und sprang sofort aus dem Bett, denn er wußte, daß er die Lösung gefunden hatte. Er machte sich gleich an die Arbeit und stellte seine Nähmaschine fertig. Wie Sie vermutlich wissen, befindet sich das Loch bei einer Nähmaschinennadel am scharfen Ende!

Bei meinen MindStore-Seminaren spiele ich den Teilnehmern nach ihrer Ankunft und während der Pausen Mozart vor, und das nicht nur, weil ich diese Musik liebe, sondern weil ich auch den Eindruck habe, daß sie meine Zuhörer entspannt und zum Teil auch angenehme Erinnerungen bei ihnen auslöst. Mozarts einmalige Begabung und vor allem sein schöpferischer Drang haben mich immer fasziniert. In einem berühmten Brief schrieb er, wenn er ganz für sich, also völlig alleine, und guten Mutes sei, wie etwa auf einer Reise, bei einem Verdauungsspaziergang oder in einer schlaflosen Nacht, dann kämen ihm gute Ideen in Hülle und Fülle. Weder wisse er, woher und warum diese Gedanken kämen, noch könne er sie erzwingen.

Ich kann Ihnen versichern, daß die Methode eines der größten Genies aller Zeiten auch bei uns gewöhnlichen Sterblichen funktioniert. Wie bei Mozart, so lösen die im Traum verstärkt produzierten Alpha- und Theta-Wellen auch bei uns rechtshemisphärische Gehirntätigkeit aus. Ich bin sicher, daß Sie alle sich an ähnlich kreative Augenblicke erinnern.

Ich stelle mir gern vor, wie Mozart mitten in der Nacht erwacht und im Geist ein Orchester hört, das ein wunderbares Musikstück spielt. Wieviel Freude muß er empfunden haben, als er das Stück zum ersten Mal hörte! Überlegen Sie nur, wieviel ärmer unsere Welt wäre, wenn Mozart nicht soviel Disziplin besessen hätte und einen so starken Wunsch danach, die Musik aufzuschreiben. Ist es möglich, daß einige Stücke in den Tiefen seiner inneren Konzerthalle verlorengingen?

Sicher ist, daß zahllose Kunstwerke, wissenschaftliche Erkenntnisse und wunderbare Erfindungen und Ideen in den Köpfen derjenigen verschwunden sind, die nicht die Disziplin besaßen, sie aufzuschreiben. Wir müssen also immer auf der Hut sein, daß wir unsere guten Ideen nicht unbeachtet lassen.

Wie oft sind Sie schon mitten in der Nacht erwacht mit einer absolut phantastischen Idee, Erfindung oder Geschäftsmöglichkeit im Kopf? Sie sind begeistert von den Möglichkeiten, die sich Ihnen nun auftun, und schwärmen davon, wie diese Eingebung die Herausforderungen lösen wird, denen Sie sich gegenübersehen – doch dann sind Sie schon wieder eingeschlafen, bevor Sie Ihren Geistesblitz festhalten konnten. Wenn Sie dann morgens erwachen, gelingt es Ihnen nicht mehr, sich daran zu erinnern, wie sehr Sie sich auch bemühen. Die Eingebung ist verschwunden, und das vermutlich für immer.

Vielleicht haben Sie mitten in der Nacht auch eine plötzliche Einsicht oder einen bedeutungsvollen Traum. Sie beginnen, intensiver darüber nachzudenken, und bringen so die logischen, analytischen Fähigkeiten Ihrer linken Gehirnhälfte ins Spiel. Dann verspüren Sie jedoch den Drang, die Idee wieder beiseitezulegen: „Sei kein Idiot, dies kann doch gar nicht funktionieren. Schlaf lieber wieder ein, die Idee ist doch bescheuert!"

Ich bitte die Teilnehmer meiner Kurse immer um Rückmeldungen. Tausende von Menschen haben dabei eingestanden, daß sie am Computer, am Schreibtisch oder an der Werkbank nie gute Ideen haben, und genau das gleiche Phänomen beschrieben, von dem auch Mozart berichtete. Es ist offenbar unser Schicksal, daß wir unsere Einfälle nie dann bekommen, wenn wir sie brauchen – wenn wir von unserer Arbeit oder dem jeweiligen Problem weit entfernt sind, den Hund ausführen, den Urlaub genießen, im Auto sitzen oder im Bett liegen.

Ich erinnere mich noch, wie Margaret Thatcher nach ihrem Rücktritt sagte, sie habe in der Nacht davor „darüber geschlafen". Auch von Thomas Edison weiß man, daß er die Momente, in denen er allein war, von allem entfernt, dazu nutzte, Lösungen zu finden. Er tat dies vor allem, wenn er schlief. Ich selbst erwachte viele Male und sah vor meinem inneren Auge einen Fluß, an dessen anderem Ufer ein Haus in einem schönen Park stand – ein Haus mit einem roten Dach. Ich suchte damals gerade nach einer Möglichkeit zur Umsetzung meiner Ideen – und da war sie. *„Es funktioniert einfach!"*

Ich rate Ihnen dringend, von nun an Papier und Bleistift auf dem Nachttisch liegen zu haben, um auf Ihre nächtlichen Gedanken vorbereitet zu sein. Wenn Sie dies erst einmal zum Teil Ihres Lebensstils gemacht haben, werden Ihnen viele neue Ideen kommen. Es ist unbedingt notwendig, daß Sie sich daran gewöhnen, solche Gedanken immer sofort aufzuschreiben. Denken Sie jedoch daran, sie nicht gleich zu analysieren; warten Sie damit bis zum Nachmittag oder Abend.

Im vorigen Kapitel habe ich Ihnen das Nachtbuchsystem für den persönlichen Erfolg vorgestellt. Dazu gehört auch, daß man seine Ideen aufschreibt und seine Träume analysiert.

Aus meiner Arbeit mit Tausenden von Menschen, die alle mehr erreichen und ein erfüllteres Leben führen wollen, weiß ich, daß viele die Gelegenheit nutzen, wenn sie nicht schlafen können. Haben Sie das auch schon einmal getan? Sie wachen auf und wälzen sich hin und her, ohne wieder einschlafen zu können. Ich betrachte dies heute als Hinweis darauf, daß mein

Unterbewußtsein aus irgendeinem (vermutlich sehr guten) Grund nicht will, daß ich schlafe.

Worauf es ankommt, ist, aufzustehen, das Schlafzimmer zu verlassen, in ein anderes Zimmer zu gehen und die Möglichkeiten zu erkunden. Wenn Sie musikalisch sind, dann nehmen Sie Ihr Instrument und finden Sie heraus, ob Sie vielleicht eine neue Komposition im Kopf haben. Nehmen Sie Ihren Stift und Ihr Blatt Papier und beginnen Sie zu schreiben. Vielleicht ist Ihnen auch der Text des Briefs eingefallen, den Sie schon immer Ihrem Freund schreiben wollten. Ich stehe häufig auf und zeichne oder male. Manche Menschen erzählen mir sogar, sie würden solche Gelegenheiten dazu benutzen, irgendwelche Arbeiten im Haus zu erledigen.

Wenn Sie dies tun und sich danach wieder hinlegen, werden Sie entdecken, daß Sie schnell wieder einschlafen. Sie werden dann zur normalen Zeit erwachen und sich großartig fühlen und natürlich darüber freuen, nachts etwas Sinnvolles getan zu haben.

Wie man sich an seine Träume erinnert

Für manche Menschen ist jede Nacht eine Art Kinobesuch (nur ist der Film viel besser als alles, was im Kino so gezeigt wird!) Andere wiederum erinnern sich nie an ihre Träume, auch wenn ihnen klar ist, daß sie Träume haben. Es gibt viele Anekdoten über Thomas Edison und seinen schöpferischen Verstand. So hatte der große Erfinder immer einen Schreibblock neben seinem Bett, auf dem geschrieben stand:

Ich werde nun in einen tiefen, entspannenden Schlaf fallen und mich nach dem Erwachen an einen Traum erinnern.

Später wandelte er dies ab zu: „Ich werde nun in einen tiefen, entspannenden Schlaf fallen und nach dem Erwachen die Lösung finden für …" – die Lösung für ein aktuelles Problem oder eine zu bewältigende Aufgabe.

Wenn Sie auf Ihrem Weg in den Schlaf den Satz „ich falle in einen tiefen, erholsamen Schlaf …" mit dem Zusatz ergänzen „… um eine Lösung zu finden für …" oder „… um mich an ei-

nen Traum zu erinnern", dann werden Sie feststellen, daß Sie
die Lösung beim Erwachen wissen.

Mit Hilfe von „Edisons Schreibblock" habe ich ein Werkzeug zum Lesen entwickelt, das meine Lesegeschwindigkeit
beträchtlich erhöht und mir so manchen wunderbaren Gedanken geliefert hat für einige der wichtigsten MindStore-Werkzeuge und -Techniken. Sie sehen: *„Es funktioniert einfach!"*
Versuchen Sie's doch einmal!

Was die Deutung von Träumen anbetrifft, so ist diese natürlich immer sehr subjektiv. Das im vorigen Kapitel dargestellte
Traumbuch wird Ihnen dabei helfen. Über die Analyse von
Träumen sind schon zahllose Bücher geschrieben worden, deren Lektüre Ihnen durchaus neue Erkenntnisse vermitteln kann,
doch bin ich gleichwohl der Meinung, daß diese ebenfalls subjektiv sind und daß die Symbole eines Traums nur von dem erklärt und verstanden werden können, der den Traum selbst
träumt. In vielen Städten gibt es Gruppen, in denen sich Menschen zur Besprechung ihrer Träume treffen.

Es ist Ihnen bestimmt schon aufgefallen, daß Träume sich
häufig auf die Ereignisse des vergangenen Tages zu beziehen
scheinen. Ich frage mich oft, ob mein Unterbewußtsein, wenn
ich mich an einen Traum erinnere, nicht versucht, mich auf dessen Bedeutung aufmerksam zu machen. Zudem hatten die meisten Menschen, mit denen ich gesprochen habe, schon einmal
einen hellseherischen Traum. Man träumt von einem Schul-
freund, Nachbarn, Kollegen oder Angehörigen, und am nächsten Tag stößt man auf ihn – man trifft ihn persönlich, erhält einen Anruf von ihm oder hört, wie jemand seinen Namen erwähnt. Dies ist nichts Ungewöhnliches. Von anderen Menschen
habe ich gehört, sie seien im Traum vor Unfällen, Katastrophen
oder Todesfällen gewarnt worden. Viele glauben, daß manche
Ereignisse erst im Traum in Erscheinung treten, um plötzlich
für den Bruchteil einer Sekunde „zurückgeblendet" zu werden,
wenn man dem wirklichen Ort, Menschen oder Klang schließlich begegnet.

Ich nutze meinen Schlaf dazu, meine Persönlichkeitsentwicklung zu fördern, und ich rate Ihnen, dasselbe zu tun. Ge-

wöhnen Sie sich daran, für alle Fälle immer Stift und Papier neben Ihrem Bett liegen zu haben. Verwenden Sie Ihr Nachtbuch. Große Ideen könne man nicht erzwingen, meinte Mozart. Seien Sie also wachsam und vorbereitet und bewundern Sie die Kreativität, die Sie zweifellos besitzen.

Übung 6 – Die Schlafgemächer

Bei dieser Übung werden Sie wieder mit Hilfe der Standard-Eingangsroutine Ihr Fundament und Ihr Haus am rechten Ufer betreten und dann das Konditionierungsstudio verlassen, um von Ihrem zentralen Korridor aus Ihre Schlafgemächer anzulegen.

Setzen Sie sich bequem in einen Stuhl, schließen Sie die Augen und atmen Sie ruhig und gleichmäßig. Wir beginnen nun, unseren Geist zu konzentrieren und unseren Körper zu entspannen, bis wir ein gesundes Wohlbefinden hergestellt haben. Wenn ich die einzelnen Körperteile nenne, dann konzentrieren Sie wieder Ihre Gedanken darauf und versuchen Sie, sich dort zu entspannen.

Atmen Sie tief ein und entspannen Sie sich … atmen Sie ein weiteres Mal tief ein und entspannen Sie sich … atmen Sie noch einmal tief ein und enstpannen Sie sich …

Meine Kopfhaut ist entspannt, ich fühle, wie meine Kopfhaut sich entspannt … Meine Stirn ist entspannt, ich fühle, wie meine Stirn sich entspannt … Meine Augenlider sind entspannt, ich fühle, wie meine Augenlider sich entspannen … Mein Gesicht ist entspannt, ich fühle, wie mein Gesicht sich entspannt … Meine Zunge ist entspannt, ich fühle, wie meine Zunge sich entspannt … Mein Kiefer ist entspannt, ich fühle, wie mein Kiefer sich entspannt … Mein Hals ist entspannt, ich fühle, wie mein Hals sich entspannt …

Meine Schultern sind entspannt, ich fühle, wie meine Schultern sich enstpannen … Meine Arme und Hände sind entspannt, ich fühle, wie meine Arme und Hände sich entspannen … Mein oberer Rücken ist entspannt, ich fühle, wie mein oberer Rücken sich entspannt … Mein Brustkorb ist

entspannt, ich fühle, wie mein Brustkorb sich entspannt …
Mein unterer Rücken ist entspannt, ich fühle, wie mein unterer Rücken sich entspannt …

Mein Bauch ist entspannt, ich fühle, wie mein Bauch sich entspannt … Meine Hüften sind entspannt, ich fühle, wie meine Hüften sich entspannen … Meine Schenkel sind entspannt, ich fühle, wie meine Schenkel sich entspannen … Meine Knie sind entspannt, ich fühle, wie meine Knie sich entspannen … Meine Waden sind entspannt, ich fühle, wie meine Waden sich entspannen … Meine Knöchel sind entspannt, ich fühle, wie meine Knöchel sich entspannen … Meine Zehen sind entspannt, ich fühle, wie meine Zehen sich entspannen … Meine Fußsohlen sind entspannt, ich fühle, wie meine Fußsohlen sich entspannen … Meine Fersen sind entspannt, ich fühle, wie meine Fersen sich entspannen …

Atmen Sie tief ein und entspannen Sie sich …

Ich stelle mir nun vor, ich sei an einem ganz besonderen Ort der Entspannung … ich glaube fest daran, daß ich dort bin … ich gönne mir einen kurzen Moment, um dies alles voll und ganz zu genießen (etwa 30 Sekunden).

Atmen Sie tief ein und entspannen Sie sich … Ich stelle mir nun vor, ich stünde am Ufer eines Flusses … der Fluß ist hinter mir, und vor mir erstreckt sich eine wunderschöne Landschaft …

Ich spüre das frische grüne Gras unter meinen Füßen … der Himmel über mir ist blau, und die Luft riecht nach frischem Gras … ich höre die Klänge der wunderschönen Landschaft vor meinen Augen …

Gleich werde ich in meiner Dusche stehen und alles Negative und die ihm zugrundeliegenden Denkmuster fortspülen …

Ich betrete nun mein Badezimmer und drehe die Dusche auf, damit die imaginäre Reinigung beginnen kann … ich spüre, wie das warme Quellwasser durch mein Haar und über jeden Zentimeter meines Körpers fließt, meine geistige Erschöpfung fortspült und dadurch meine Lebensenergie wiederherstellt …

Ich stelle mir nun vor, wie helles Sonnenlicht in mich hereindringt ... und meine schädlichen und mich einschränkenden Einstellungen, vor allem meine negativen Gedanken, herausfiltert und herauswäscht ...

Ich stelle die Dusche ab und verlasse das Badezimmer, trocken und voller positiver Erwartungen ...

Gleich werde ich meine Schlafgemächer gestalten. Vom zentralen Korridor aus führt eine Tür in diese Räume ... Ich werde sie dazu benutzen, fest und tief zu schlafen und meine Kreativität zu entwickeln ...

Ich verlasse nun mein Konditionierungsstudio und betrete meinen zentralen Korridor. An den Wänden hängen Bilder von Momenten in meiner Vergangenheit, wo ich Großartiges geleistet habe ... Ich lege nun den Raum an, der meine Schlafgemächer beherbergen wird ... Ich lege seine Größe und die Höhe der Decke fest ... nun die Dekoration, die Farben und die Beleuchtung ... An eine der Wände hänge ich ein schönes Zifferblatt, das die gesamte Wand einnimmt ... Und nun ein großes, gemütliches Bett ...

Indem ich direkt vor dem Schlafengehen mein Haus am rechten Ufer betrete, auf dem Zifferblatt die Zeit einstelle, zu der ich erwachen will, und mich dann auf den Weg in den Schlaf begebe, werde ich in einen tiefen, entspannenden Schlaf fallen und dann zur gewünschten Zeit erwachen, um mich großartig und völlig gesund zu fühlen ...

Nun sind meine Schlafgemächer fertig. Hier werde ich tief und fest schlafen und meine Kreativität entwickeln ...

Ich verlasse nun mein Haus und kehre zum Flußufer zurück ... ich spüre das frische grüne Gras unter meinen Füßen ... Ich werde jetzt gleich von eins bis sieben zählen, um ganz allmählich aus diesem gesunden Zustand tiefer Entspannung herauszukommen ...

Eins ... zwei ... drei ... vier ... nun ist die Hälfte überschritten. Wenn ich die Augen öffne, werde ich körperlich und geistig hellwach und voll neuer Energie sein ... fünf, ich beginne nun, meinen Körper auf das Ende der Entspannung einzustellen ... sechs, ich bereite mich darauf vor, meine Augen zu öffnen ... und sieben, ich öffne meine Augen und bin nun körperlich und geistig hellwach.

Zusammenfassung

1. Das Gehirn kann zu einem gegebenen Zeitpunkt immer nur einen Gedanken verarbeiten, nie mehrere zugleich. Setzen Sie also Ihre positiven inneren Monologe fort, wenn Sie Ihrer Angst ins Auge sehen.
2. Ängste existieren nur im Geist. Lernen Sie es, aktiv in das hineinzugehen, was Sie ängstigt, und so zu entdecken, daß die Angst nicht weiter besteht.
3. Verbannen Sie Ihren Wecker und lernen Sie es, die Aufwachzeit auf der „Gelegenheitsuhr" in Ihren Schlafgemächern im Geiste einzustellen.
4. Verwenden Sie den Weg in den Schlaf und stellen Sie damit sicher, daß Sie jede Nacht tief und erholsam schlafen.
5. Wenn Sie früh aufwachen, dann nutzen Sie die Zeit, um einen schönen Spaziergang zu machen oder ein inspirierendes Buch zu lesen.
6. Lassen Sie Ihr Nachtbuch neben dem Bett liegen, damit Sie Gedanken aufschreiben können, die Ihnen im Schlaf kommen.
7. Lernen Sie es, Ihre Träume zu analysieren, um neue Erkenntnisse zu erlangen und Ihre kreativen Fähigkeiten zu nutzen.

11. Die übrigen Räume

Wie Sie wohl schon geahnt haben, umfaßt das MindStore-System noch einige weitere Räume in Ihrem Haus am rechten Ufer. Jedes Zimmer enthält leistungsfähige Werkzeuge, die Sie für ganz bestimmte Zwecke verwenden können. Es steht Ihnen völlig frei, für alle neuen Möglichkeiten, die sich aus Ihrer Selbsterkenntnis und Ihrer Persönlichkeitsentwicklung ergeben, so viele neue Räume in Ihrem Haus am rechten Ufer anzulegen, wie Sie brauchen. Haben Sie MindStore erst einmal zu Ihrem Lebensstil gemacht, dann werden Sie ganz neue Ideen entwickeln – Ideen, auf die ich selbst überhaupt nicht gekommen wäre (im Gegensatz zu vielen MindStore-Mitgliedern, wie ich Ihnen bestätigen kann).

Sie können neue Zimmer hinzufügen, sobald Sie es gelernt haben, die MindStore-Werkzeuge anzuwenden, oder auch jetzt sofort, wenn Sie etwa Ihre Leistungen im Sport, in der Kunst oder bei Ihren Hobbys verbessern wollen.

Ich selbst habe in meiner inneren Landschaft am Rande des von mir geschaffenen Gartens einen Bowlingrasen angelegt. Ich tat dies vor einigen Jahren, als ich Interesse an diesem Sport hatte und mich mindestens einmal die Woche mit Freunden zum Bowlingspielen traf. Obwohl mir der Wettkampf mit meinen Freunden großen Spaß machte, erwog ich nie ernsthaft, das zu tun, was nötig ist, um ein Turnier zu gewinnen. Ich war zwar kein schlechter Spieler, doch zählte ich ganz gewiß nicht zu den führenden Vertretern dieses Sports.

Durch beständiges Üben in meiner Phantasie, wo mir immer die besten Treffer gelangen, gelang es mir, mein Unterbewußtsein auf den Erfolg zu programmieren. Jeden Abend spielte ich dort, wo es keine Zeit gab. Ich erinnere mich daran, wie bewegt ich von der Geschichte eines Kriegsgefangenen in Vietnam war, der an jedem Tag seiner entsetzlichen Gefangenschaft in der Ungestörtheit seiner Phantasie ein komplettes Golfmatch absolvierte. Jede seiner imaginären Runden spielte er aus verschiedenen Winkeln und Positionen, und er ließ sich dabei viele Stunden Zeit. So gelang es ihm, geistig gesund zu bleiben, während um ihn herum der Wahnsinn und die Entbehrungen des Krieges tobten.

Als er schließlich nach vielen Jahren in die USA zurückgekehrt war, trat er seinem alten Golfclub bei und spielte seine erste richtige Runde seit sechs oder sieben Jahren – und er spielte besser als je zuvor, und jedermann staunte. Er selbst war natürlich gar nicht überrascht, denn in den Grenzen seiner winzigen, primitiven Zelle hatte er gelernt, wie wichtig eine gesteuerte Phantasie und WUNSCH, GLAUBE UND GEWISSHEIT sind.

Glauben Sie mir, sechs Wochen, nachdem ich begonnen hatte, meinen Bowlingrasen am rechten Ufer zu benutzen, wurde ich ausgewählt, auf Bezirksebene zu spielen. Sie sehen: *„Es funktioniert einfach.“* Sie können Ihre innere Landschaft um einen Golfplatz, eine Skipiste, einen Tennisplatz und zahllose andere Möglichkeiten erweitern. Üben Sie, wenn Sie ganz entspannt sind, setzen Sie sich für den ersehnten Erfolg ein und beobachten Sie, wie sich Ihre Leistungen verbessern, vor allem, wenn Sie sich vor jedem Wettkampf qualitativ hochwertige Entspannungsperioden gönnen und das Match ausführlich im Geiste durchspielen. Ich kann natürlich nicht dafür garantieren, daß Sie immer gewinnen, denn beim Sport geht es schließlich ums Dabeisein, nicht um den Sieg, doch werden Sie gewiß mehr Spaß daran haben und besser abschneiden, als Sie es sonst getan hätten.

Künstler haben mir berichtet, sie hätten ein inneres Atelier angelegt, um dort im Geiste große Werke in allen Einzelheiten fertigzustellen, bevor sie die Schöpfungen ihrer Phantasie Wirklichkeit werden ließen. Auch von Musikern habe ich gehört, ihre Leistungen hätten sich mit Hilfe dieser Methode verbessert. Sie üben perfekt und spielen direkt vor Beginn der Aufführung in ihrem inneren Regieraum das gesamte Konzert durch, einschließlich des tosenden Beifalls der Zuhörer. Sie konzentrieren ihre Energie – und erzielen Höchstleistungen.

MindStore enthält im Grunde gar nichts Neues. Eine der schönsten Anekdoten der Menschheitsgeschichte ist die von Nikola Tesla, dem großen Meister bei der Nutzbarmachung der Elektrizität. Er entwarf leistungsfähige, perfekte Generatoren, doch gehörte zu seiner Methode – die zu umwälzenden Neuerungen auf diesem Gebiet führte – auch die Übergabe der Verantwortung an das Unterbewußtsein. Er begann mit einigen groben Skizzen, entspannte sich dann, aktivierte seine Phantasie und stellte sich vor, er sei in einer Werkstatt, wo er seinen Prototyp bei einer Teststation aufstellte und ihn in Betrieb nahm.

Seine geniale Idee war es, diesen Prototyp im Geiste „laufen" zu lassen, indem er sich selbst sagte, er komme in zwei Tagen wieder, um sein Modell auf mögliche Abnutzungen und andere Betriebsmängel zu überprüfen. Bei seiner Rückkehr in die innere Werkstatt konnte er dann sehen, wo Änderungen nötig waren, und wenn er diese vorgenommen hatte, führte er einen weiteren zweitägigen Probelauf durch. Auf diesem Weg veränderte er seinen Entwurf so lange, bis ihm der perfekte Stromgenerator gelungen war. Er setzte sein Modell schließlich in die Realität um, indem er hervorragende Baupläne anfertigte und jeden Schritt der Herstellung persönlich überwachte. Jedes seiner vielen Werke war bis in alle Einzelheiten vollkommen.

Alles funktioniert nach diesem Schema. Für jeden Erfolg sind beide Hirnhemisphären notwendig. Die Zukunft besteht bereits in der imaginären Welt unseres Geistes. Sie muß erst dort existieren, bevor sie Wirklichkeit werden kann. Über welche Bilder sinnen Sie nach? Sie besitzen nun all die Werkzeuge und Kenntnisse, die Sie brauchen. Lernen Sie es, Ihre Phantasie zu steuern, und schaffen Sie sich eine perfekte zukünftige Vergangenheit. Die Programme werden sowieso ablaufen. Warum also schließen Sie sich mir nicht an und erschaffen die Welt, die Sie wirklich wollen?

Tun Sie das, was getan werden muß, mit Würde, Stärke und Mut, um die Lösungen zu finden, die uns dabei helfen, glücklicher, gesünder und wohlhabender zu leben.

Über den Autor

Noch 1987 arbeitete Jack Black als Sozialarbeiter im verarmten Glasgower Osten. Als er sah, wie zwei seiner Kollegen, die kaum älter als 40 waren, dem Streß der Arbeit zum Opfer fielen, und er selbst einen ähnlichen Zusammenbruch erlebte, beschloß er, die Zeit sei gekommen, sein Leben zu ändern.

Bei seiner Arbeit auf dem Gebiet der Streßbewältigung und geistigen Fitneß machte er es sich zur Aufgabe, ein eigenes Programm der Persönlichkeitsentwicklung und positiven Konfliktlösung zu erarbeiten. *MindStore* entstand Anfang der 90er Jahre und eröffnete ganz neue Möglichkeiten, die Menschen in Beruf, Sport und Privatleben zu motivieren. Zu denen, die Blacks Programm anwandten, gehörten die Firmen Glaxo, Allied Dunbar und Thomas Cook sowie die Londoner Polizei. Daneben arbeitete Jack Black mit zahlreichen Sportmannschaften und Olympiateilnehmern.

Tausenden von Menschen aus allen Bevölkerungsschichten ist dieser Kurs schon zugute gekommen.

MindStore gab meinen Managern Kreativität, Selbstvertrauen und die Fähigkeit, den Arbeitstag voller Energie zu bewältigen.
Abbey National

Durch MindStore konnten unsere Polizeibeamten Qualitäts- und Leistungssteigerungen erzielen.
Metropolitan Police

Überall in unserer Universität wurde das MindStore-Programm außerordentlich positiv bewertet.
Robert Gordon University

MindStore hat mir die Werkzeuge zur Verwirklichung des Lebens meiner Träume geliefert.
Colin Murdoch

Den Methoden von MindStore verdanke ich ungemein viel Glück, Zufriedenheit und vor allem die Gewißheit, daß ich allein es bin, die mein Leben kontrolliert.

Dorothy MacGregor

Literaturauswahl

Bandler, Richard und Grinder, John, *Neue Wege der Kurzzeit-Therapie. Neurolinguistische Programme* (Junfermann, Paderborn 1981)

Buzan, Tony, *Kopftraining. Anleitung zum kreativen Denken* (Goldmann, München 1998)

Clason, George S., *Der reichste Mann von Babylon. Die Erfolgsgeheimnisse der Antike* (Conzett, Zürich 1998)

Diamond, Dr. John, *Der Körper lügt nicht* (Verlag für angewandte Kinesiologie, Kirchzarten, 12. Auflage 1995)

Fisher, Mark, *Das innere Geheimnis des Reichtums* (Hermann Bauer, Freiburg, 2. Auflage 1998)

Frankl, Viktor, *Der Mensch vor der Frage nach dem Sinn* (Piper, München, 10. Auflage 1998)

Gallwey, Timothy W., *The Inner Game of Golf* (Pan 1979)

Gallwey, Timothy W., *Tennis und Psyche. Das innere Spiel* (Wila, München, 5. Auflage 1990)

Heller, Robert, *The Super Managers* (Penguin 1984)

Heller, Robert, *The Super Chiefs* (Penguin 1992)

Hill, Napoleon, *Denke nach und werde reich. Die 13 Gesetze des Erfolgs* (Ariston, Kreuzlingen, 32. Auflage 1998)

Hill, Napoleon und Stone, W. C., *Erfolg durch positives Denken* (Ariston, Kreuzlingen, 5. Auflage 1997)

Matthews, Andrew, *So geht's dir gut* (Verlag für angewandte Kinesiologie, Kirchzarten, 5. Auflage 1996)

Murphy, Dr. Joseph, *Die Macht Ihres Unterbewußtseins. Das Buch der inneren und äußeren Entfaltung* (Ariston, Kreuzlingen, 62., überarb. Neuauflage 1998)

Peale, Norman Vincent, *Die Kraft positiven Denkens* (Oesch, Zürich, Neuausgabe 1996)

Robbins, Anthony, *Grenzenlose Energie. Das Power-Prinzip* (Verlag für die Deutsche Wirtschaft, Bonn, 9. Auflage 1996)

Schwartz, David, *Denken Sie groß! Erfolg durch großzügiges Denken* (Ariston, Kreuzlingen, 9., vollst. überarb. Neuauflage 1998)

Stichwortverzeichnis